「英霊との対話」としての政治

西村眞悟
NISHIMURA SHINGO

青林堂

まえがき

本書は、体系的に書かれたのではなく、断片的に書かれた。

世は移ろう。

その中で様々な事件事象が繰り広げられる。それは、予想されて生起することもあり、また突発的に人と社会を襲い動かす。

本書は、その事象や事件を政治の世界の中で受けとめながら書かれたものを集めたもの、または私の独り言のような、言の葉の吹き溜まりである。

しかも、その言の葉を集めたのは書いた本人ではない。青林堂がこの断片的な言の葉を集め綴ってくれたのである。よって本書が生み出されたのは、ひとえに青林堂編集子の忍耐のお陰である。このことを、まず冒頭で深謝申し上げねばならない。

私は、自分のホームページに平成十三年十月から、「時事通信」という欄を設けて、時々、思うことや訴えたいことを書き続けてきた。その書き込んだ「時事通信」の数は、平成二十七年三月二十六日現在で千八十二通を数える。その中の最近数年間の「時事通信」が本書に綴られて、冒頭には、本年一月十日に靖国神社境内の靖国会館で行った講演が掲載された。

本書が成るにあたり、改めて読み直してみれば、

「あやしうこそ　もの狂ほしけれ」

という感じがする。

それというのも、私は、今生きている同胞だけを思って書いていないからだ。

私は、過去、現在、未来の同胞、とりわけ太古より、祖国の危機に際して身を献げられた英霊、また何時の時代であれ、国を愛し、国の将来を信じて生きた幾多無量の人々（ご先祖）のお陰で現在の我が国があると実感している。同時に私は、目に見えない世界の中に我が国を支える力の源泉があると確信している。

幕末最初の尊皇攘夷派による武装蜂起を断行した天誅組の吉村寅太郎《よしむらとらたろう》は、一八六三（文久三）年八月十七日、同志と共に堺に上陸して、金剛山麓の観心寺にある楠木正成《くすのきまさしげ》の首塚に参り、直ちに金剛山を駆け下りて五条代官所を襲い、以後約一ヶ月の転戦の果てに二十六歳で奈良の山中で死ぬ。それに先だって、次の透徹《とうてつ》した精神を示す歌を遺し、我が国の天然自然のなかに融合して今も生きている。私はこの精神に合掌する。

「曇りなき　月を見るにも　思ふかな　明日はかばねの　上に照るやと」

また、私は、この頃特に西郷南洲《さいごうなんしゅう》の心境に近づきたいと切に思うようになった。

西郷は、常に国を思って斃《たお》れた仲間のことを忘れず、彼らと再会するために生きていた（独り生《せい》を窃《ぬす》む）。ただ天皇に忠誠を誓い、汚名をはらうこともなく、郷里の城山で休憩でもするかのように、「ここらでよかぁ」と晋《しん》どんに言って地面に着座し首を落とさせた。私は、このような西郷さんを敬仰している。

更に私は、自分のホームページの表紙に掲げている二十歳前後の十四人の特攻隊の勇士の笑顔をいつも思い起こす。

彼らは、昭和二十年四月二十二日午前八時半頃、台湾の桃園《とうえん》飛行場で、「今ここで死ぬことが自分にとって最高の生き方です」と言って明るく笑ったのだ。そして、午前十時頃、沖縄方面の敵艦船群に体当たりをするために飛び立っていった。

現在の政治に必要なことは、彼らを忘れず、彼らを裏切ってはならない、ということだ。そのために、彼らが散華した後に世を覆った自虐史観に断じて屈してはならないのだ。四面楚歌になろうとも、この「戦後」と戦い、これを克服しなければならない。これが私が貫いてきた政治姿勢である。

このような私の言の葉は、やはりもの狂ほしい。

従って、再びこれを集め本書を生み出してくれた青林堂の渡辺レイ子氏に感謝する。

そして最後に、安倍晋三《あべしんぞう》内閣総理大臣が「戦後七十年内閣総理大臣談話」を発出するにあたっては、吉田松陰《よしだしょういん》先生の言われる通り、狂を発して、英霊を裏切ることなく、正々堂々と国家と民族の名誉のために、大東亜の御戦の大義を、再び世界に鮮明にされんことを切に願う。

西村　眞悟

目次

第五章　今、幕末が来ている

本書は平成27年1月の靖国神社での講演会、および西村眞悟ブログ（http://www.n-shingo.com/jiji/）平成24年10月～平成27年3月の原稿の中から選び、加筆、修正いたしました。

第一章

日本人よ、魂を取り戻せ

日本人よ、魂を取り戻せ

靖国神社における講演会　平成27年1月10日

本日は、我が国の民族の魂の連続性について、お話しさせていただきます。「日本を取り戻す」とはどういうことであるか、それは「民族の連続性を取り戻す」こと。本来の姿を取り戻すということです。

我が国では戦後十年にして「もはや戦後ではない」ということが政府の公式文書に表れており、大体、戦後とは十年か二十年くらいのことをいうものなんです。それを七十年とは何事か。いつまでも日本を「戦後」という枠組みの中に入れておきたい内外の勢力の謀略であります。

安倍総理は、「戦後七十年」の安倍談話を発表する必要はない。それ自体が支那の思想戦、歴史戦という戦略にハマっていることですから、必要ありません。

私は平成二十六年十月五日・六日、サイパンそしてテニアンにおりました。テニアンのB29が、広島型、長崎型の原子爆弾を搭載して離陸した滑走路は、まだ完全な滑走路として使えます。

そこに降り立った時、熱帯の暖かい風であるはずが、ひやりとする冷たい風でありました。アウシュビッツの収容所を世界に残すならば、テニアンにおけるB29発進のあの滑走路も、もっと生々しく残すべきだと、このように思ってテニアンの要塞の岬に行ったわけです。

そこで我々の乗っているバスが原因不明のエンストを起こしまして、我々は暑い中、それを押したのですが、そのとき確実に英霊の声が聞こえました。

「俺達はこの熱帯の山野を、銃を担いで、大砲を引いて移動したんだ。お前達も観光客のように来て帰るな」という声が聞こえました。

十月二十四日、晴海埠頭で海上自衛隊練習艦隊の旗艦「かしま」が、ガダルカナルから百三十七柱の英霊のご遺骨を安置して帰国し、その帰還式が行われました。

「海ゆかば」の演奏の中、十個の白い箱が隊員に抱かれ「かしま」から静かに降りてきました。カメラマンもみんな泣いていました。

しかし、それを迎える厚労省の役人の言葉は、聞き捨てならなかった。

「異常な時代の犠牲者である」という発言。

それから翌日、十月二十五日、私は愛媛県西条市に飛び、関行男《せきつらお》大尉ら五名の特別攻撃隊、敷島隊の追悼式典に出席しました。ここでもまた違和感がありました。

主催者側の挨拶の次に立った女性の挨拶、「異常な時代の犠牲者である」という言葉です。

そうではないんだ、と私は強く思ったのであります。

戦後とは何かと。戦後とは、英霊が如何に生き、如何に亡くなったのか、分からなくなった時代である。

このことを端的に語った方の、追悼文をご紹介いたします。秋田県の総社《そうじゃ》神社では、毎年四月二十九日、秋田県出身特攻英霊の追悼式をしています。私は平成二十二年に追悼式に参加しました。この時に自分も特攻兵で生き残った秋田市在住の藤本光男《ふじもとみつお》さんが、追悼の言葉を述べられました。私は直接そのお話を聞きました。貴重ですので、ここで朗読させていただきます。

「まだ生きていたのかと、戦友から呆れ顔で言われはしないかと、気おくれもありましたが、語りても語りても、なお尽きざる思いで、ここに立っております。

山本少尉、山本君は昭和二十年四月二十九日、『ワレ敵空母に突入ス、一七・二一（五時二十一分）』と打電し、壮絶な体当たり攻撃をかけたのであります。
出撃地、鹿屋から沖縄まで六百五十キロ、零戦を駆って、二時間半、語る相手もなく、ひたすら孤高の任務達成、即ち死に向かって大海原を飛び続けた、十九歳の山本君、何を考えていただろうか、海を見ながらふと思いました。
しかしその思いを巡らすのは、為すことなく老いた今の自分です。恥ずかしいと思いました。山本君は、特攻戦友たちと同じく、敵艦に突入するための、あの厳しい訓練の、ひとコマひとコマを脳裏にきざみながら、目的達成に渾身の操縦を続けたのです。
『ワレ敵空母に突入ス』。任務、即ち人生を全うした君の充実感が読み取れます」

これが英霊に対する真の慰霊です。英霊を異常な時代の犠牲者だとみて、現在の自分と、断絶した時代にいたと考えること、これが戦後の特色です。私もまさにこれであったと思いました。

これが現在における戦前と戦後の断絶の姿。

では現在、戦前と戦後の断絶ではなくて、連続とは何か。これもまた我々の目のあたりに現れています。即ち「永遠の0《ゼロ》」（講談社文庫）という、あの小説が若い人を中心に六百万部売れたということは、あの「永遠の0」の主人公は、異常な時代の異常な犠牲者であるという前提では読まれていないんです。連続性の中で読まれている。彼は、我々の兄貴だ、我々の手本だという意味で読まれています。

それから、平成二十三年三月十七日の朝、福島第一原子力発電所の、破壊された原子炉の建屋の上空に、自衛隊の大型ヘリ、CH47チヌークがホバリングして、七トンの水を何度も落としました。あの映像は皆さん覚えておられるでしょう。

あの映像を見て日本人はハッとしなかったが、アメリカ人、支那人はハッとした。どういうふうにハッとしたか。あれは「特攻」だと思った。そして彼らは異口同音に、自衛隊の将校に言った。「日本には巡航ミサイルはないが、日本に対して核弾頭ミサイルの照準を当て、発射準備をすれば、確実に日本人はF15に爆弾を搭載して、突っ込んでくるだろう」

外国人の直感は正しい。あの作戦行動は何かといえば、決死隊なのであります。自衛隊が、破壊された建屋周辺の放射能を検査した結果、原子炉建屋の上空は、割り箸を立てたように放射線が伸びていた。あそこに行っては命の危険がある。世界の軍事的常識は、原子炉の真上を絶対に飛ぶな、ということであります。しかし、まさにそれをしたわけです。その時アメリカの指揮官は、自衛隊に「人の命を何とも思わないような作戦をやめろ」と進言した。しかし彼らはまさにやった。

陸自の第一ヘリコプター団の金丸章彦《かなまるあきひこ》団長は精悍で小柄な男ですが、彼は、「人選はしない。明日朝、早朝にやる」と。人選をしないということは、明日の飛行を予定メンバー通りにやるということ、そして上官にそれを説明した時に、上官は、「この作戦の中で一番嬉しく、感激した瞬間である」と。

彼は「俺の部下は、いつでも全員死ぬ準備ができている」ということを上官に言ったわけです。そして世界は、日本人は戦前、戦後、変わっていないということを改めて認識しました。これがどれほどの抑止力を、我が国にもたらしたか、計りしれません。

この地震の最中、中国は尖閣上空に戦闘機を飛ばし始めました。しかし、このチヌークで原子炉に水を撒いたあの情景を見て、「日本人は戦前から変わっていない。下手をしたらやられる」と思って抑制したと私は思います。

それから、千年に一度のあの東日本大震災の中で何が起こったか、ということについてご紹介したいと思います。当時のドキュメントとして、「ドキュメント 自衛隊と東日本大震災」（ポプラ社）という記録の中にあることです。

あのときの陸自トップは火箱芳文《ひばこよしふみ》陸上幕僚長。彼は以前、習志野空挺団の団長でした。習志野空挺団というのは陸上自衛隊最強部隊。その習志野空挺団が何をやらされていたかということです。あそこの壊れかかった民家には年寄り二人がいる、とかそういうことをやらされていた。

火箱陸幕長が前線を視察した時、その地図落としをしている部隊員が、「団長、俺達を何かに使って下さい」と言った。その時に陸幕長は、何と言ったか。「オー、お前ら元気か。お前らには、いざとなったら原発に突入させる。その時は俺も行くからな」と、こう言ったという。

「お前らはいずれ原発に突入させる」

私はあの福島第一の状況を見て、旅順《りょじゅん》要塞の攻防を思いました。いずれ決死隊が突入しなければならないだろうと。火箱陸幕長はまさに、それを言ったのです。幸い、そういう事態にはなりませんでしたが。

また、多賀城に駐屯する陸上自衛隊の第二十二普通科連隊は、隊員九百名と家族自体も被災者でした。

しかし彼らは被災地のまっただ中にいたがゆえに、連隊長は隊員が家族のもとに帰るのを禁じて、救助活動に専心させた。七十二時間が勝負ですから。

その結果、彼らは全自衛隊の救援部隊十万七千が、二万人の命を救ったのでありますが、九百名でその四分の一の、四七七五名を救助したのです。

その隊員の手記を読みます。

「私の妻も、息子を救助に向かう途中で津波に襲われ、車両もろとも流されました。その状況を私が知ったのは、さらにその三十分後でした。携帯で連絡が取れた時の妻の『助けて』という、寒さと恐怖の入り混じった、震え上がった心の底からの悲鳴を聞いた瞬間、私の中の迷いというか、このまま部隊を出て、一分一秒でも早く妻のところへ飛んでいきたいと思いました。そしてその心の苦痛から答えを探していたとき、再び妻から電話があり、『大丈夫だから、他の人を助けてあげて』と言われました。その言葉に我に返りました。そこからもう迷いはありませんでした。今まで陰ながら支えてくれた妻と息子にお礼を言いたいと思います」

これが自衛隊の姿であります。

命令を出した連隊長は、八月一日の災害派遣の終礼挨拶で異例の謝罪をしました。

「申し訳なかった。家族の安否すらわからない中、君たちを人命救助に没頭させた。本当につらい思いをさせてしまった。家族にも大変な思いをさせてしまった」

そして彼はこう言った。

「もし隊員の妻や子供が救助なく死亡していたら、私は制服を脱いだ」と。

次に、三月二十日に私に届いたメールを紹介します。大阪の連隊からのメールです。

「お願いがあります、全自衛隊に出動を命じてください。おにぎりの一つでも、トイレの掃除でも、毛布一枚でも、コップ一杯のお水でも何か一つでも協力したい。今は駐屯地で待機しています。ただのごくつぶしです。今まで養ってもらった恩返しがしたいです」

そして北海道の私の友人に届いた、被災地からのメールです。

これは旭川の高射特科群の中隊長が、私の友人に出した四月十八日のメールです。

「おはようございます。こちらはいたって元気です。先日、瓦礫《がれき》の中から、三歳の男の子を発見しました。お母さんが探しておられたのを知っていましたから、連絡して確認してもらいました。服装でわかったそうです。その子を、お母さんが最後にどうしても抱っこしたいとのことだったので、収納袋のまま渡しました。お母さんはその子を抱きしめて、『良かったね、自衛隊さんたちが助けてくれたよ。お前も今度生まれ変わってきて大きくなったら自衛隊に入れてもらおうね』と泣いて言いました。瓦礫の中でお線香をあげて、隊員みんなで見送りました。これは特別じゃなく日常であります」

こういうメールであります。

では、被災地の人々の姿はどうであったのか。アメリカ海軍の救援物資輸送ヘリの女性機長は、次のように報告しています。

「ある学校の屋上にＳＯＳの文字を発見した。そして恐る恐るヘリを屋上に着陸させた。何故ならアメリカを含む世界の諸国では、救援物資を運ぶヘリに被災者が群がって、収拾がつかなくなるからだ。しかし、着陸してみると、年配の男性が一人、静かにヘリに近づき、被災者が数百人いるという。救援物資を渡すというと、皆静かに列を作って物資をバケツリレーで受け取った。

ほかの国によくある、物資の奪い合いなど全くなかった。そして、もうここまででよいと言う。まだあると言って渡そうとすると、きっぱり断って、ほかの場所にいる被災者に渡してあげて欲しいと言って、どうしても受け取らなかった。さらにケガ人を運ぶと言うと、足を骨折した老人が一人いるので彼を運んでくれと言った。そして老人が申し訳なさそうに乗った。この日本人の優秀さと精神性の高さは、アメリカ軍の公式記録に載せられる」です。

今ご紹介した自衛隊の姿と、我が日本国民の被災地の姿は、日本人の連続性を示す事例です。

そしてもう一つ、三月十六日に発せられた、今上《きんじょう》陛下のお言葉こそ、戦前戦後、明治から変わらない日本の天皇、「皇《すめらぎ》と民の絆」を示してあまりあることであり、天皇とは何かを示したお言葉であります。

天皇陛下はこう言われました。

「何にも増して、この大災害を生き抜き、被災者としての自らを励ましつつ、これからの日々を生きようとしている、人々の雄々《おお》しさに深く胸を打たれています」

そして次に自衛隊を筆頭に挙げて、

「自衛隊、警察、消防、海上保安庁をはじめとする国や地方自治体の人々、諸外国から救援のために来日した人々、国内の様々な救援組織に属する人々が、余震の続く危険な状況の中で、日夜救援活動を進めている努力に感謝し、その労を深くねぎらいたく思います」

とおっしゃられた次に、

「今回、世界各国の元首から相次いでお見舞いの電報が届き、その多くに各国国民の気持ちが被災者とともにある、との言葉が添えられていました。これを被災地の人々にお伝えします」

今上陛下に各国の元首からお見舞いの電報が届いたという言葉がありました。

これは何を示すのか。

天皇陛下が元首であることを示しています。

昭和二十二年五月三日に施行された、日本国憲法と称するＧＨＱが書いた文書に、何が書かれていようとも、あの大災害の中で、世界各国の元首が、日本国元首に送った電報の宛て先が、天皇陛下であったということです。

それとまた、日本国憲法と称する文書は、軍隊を如何に扱っていようとも、違憲としていようとも、天皇陛下の前ではそういう文書は全く存在せず、天皇陛下は正々堂々と、自衛隊を筆頭において救助活動の労をねぎらわれたということです。

それともう一つ、「雄々しさ」という言葉を使われました。この言葉は、天皇陛下が意識して使われた言葉であります。何故ならご自身の父上、父上のおじい様である明治天皇も同じ言葉を使われているからです。

明治天皇は日露戦争で広瀬武夫《ひろせたけお》中佐の戦死のときに、

「敷島の　大和心の雄々しさは　事あるときぞ　現れにけり」

こう詠《よ》まれている。

大和心の太古からの連続性を確認されたわけであります。

そして昭和天皇は、敗戦から四ヶ月経った、新年一月一日に、御製《ぎょせい》を詠まれ、

「降り積もる 深雪に耐えて色変えぬ 松ぞ雄々しき 人もかくあれ」

と謳われている。

この明治天皇、昭和天皇、そして今上陛下の「雄々しさ」という言葉をお使いになった姿こそ、万世一系《ばんせいいっけい》の連続性を示しているものと私は受け取っております。


今私が申し上げたことは、現在の我が国において、戦前、戦後の連続性を示すものと、断絶を示すことのせめぎあいが起こっている混沌の状態、これが現在の状況であるということを、ご確認いただきたいからであります。

そしていよいよ、戦前戦後と連続性を取り戻すためには、何をしたらいいのか、ということを申し上げたい。

言っておきますが、あの時の総理大臣菅直人《かんなおと》、日本を統治していたと思いますか？

彼は被災地を歩けなかった。被災地で、もしあのアホが私の目の前にいたら、私は何をしたか分からん。


一年前に硫黄島《いおうとう》に慰霊に参りました。案内の人が、大きな深い穴を示して、

「先年、あそこから百数十体の英霊のご遺骨が掘り出されました」と教えてくれました。そして「菅直人総理も見学に来られました」と言ったので、私は一言言った。

「そうか、反対にあいつを埋めたら良かったたな」

菅直人内閣総理大臣は日本の統治者ではなかった。

統治者とは誰であったか。

天皇陛下であったということですね。天皇が最大の危機管理者であられました。

我が国において二百年か三百年に一度、国家の存亡の危機が起こる時に、常に天皇は危機管理者として現れる。今回の、千年に一度の大災害でもそうでした。

次に戦前と戦後の断絶と、戦後とは何かということに入らせていただきますが、戦後とは、具体的に何かを語れないのが戦後であります。

二年前の四月二十八日、我が国と連合国とのサンフランシスコ講和条約発効の日である「主権回復の日」を安倍内閣は政府主催で挙行し、天皇皇后両陛下のご臨席をいただきました。私はその式典に参加した後、民間の式典にも参加し主権回復の日を祝いました。

主権回復を祝う。これは画期的なことです。何故なら我が国は、主権が回復するまで、主権が奪われていたことを公式に認めたことになるからです。

従って、「日本を取り戻す」、この標語、「戦後からの脱却」、この標語を掲げた自民党安倍内閣は、何を取り戻さねばならないか、明確に国民に示さねばならない。

それは何か。それは我が国に主権がないときに奪われたもの。それは軍隊である、憲法である。

我々は何を奪われたのか。何を奪われたのですか？

これは中学校で教えねばならない。昭和二十年九月二日、東京湾において署名された降伏文書。この文書の調印のために、誰がどういう資格でミズーリ号の艦上に出たのか。

大日本帝国天皇陛下及び日本国政府の命によりかつその名において　重光《しげみつ》葵《まもる》

日本帝国大本営の命によりかつその名において　梅津《うめづ》美治郎《よしじろう》

この二名が署名した文書。天皇陛下の名において、日本国政府および大本営の名において署名した文書こそ、何を奪ったか端的に書いてある。

まず冒頭の第一条は、「ポツダム宣言を受諾する」

最後は、「天皇および日本国政府の国家統治の権限は、本降伏条項を実施するため適当と認める措置を取る連合国最高司令官の制限のもとに置かれるものとする」

この間に、六箇条あり、そのうちの一箇条は、捕虜を釈放せよということでありますから、残り五箇条は何かというと、大日本帝国陸海軍の解体、武装解除、こればっかりが書いてある。

つまり連合軍が一番恐れたのは、帝国陸海軍の戦力であり、これを解体することが日本国降伏の最大の目的であります。

よって奪われたのは、天皇大権、日本国政府の国家統治の権限、そして軍隊です。

次に天皇大権、日本国政府の国家統治の権限を奪ってから彼らがやったことは東京裁判であり、言論の検閲であり、日本国憲法と称するものの施行でした。

従って、日本を取り戻すとは何かということを考えると、もう明白ではないですか。

天皇大権を取り戻す。

憲法を取り戻す。

軍隊を取り戻す。

歴史、大東亜戦争の大義を取り戻す。

大東亜共同宣言と、ルーズベルトとチャーチルが交わした大西洋憲章の違いを、鮮明に義務教育で国民に教える。

大西洋憲章は、第二次世界大戦後の世界秩序を定め、民主主義と諸民族の自立を謳っていると中学校で教えられませんでしたか。これは嘘を教えられていたということです。

それを謳っていたのは大西洋憲章ではなく、大東亜共同宣言なのです。大西洋憲章が諸民族の自立と民主主義を謳ったのは、ナチスドイツに席巻《せっけん》されたヨーロッパの諸民族宛にそれを宣言しただけで、イギリスが支配するインド、オランダが支配するインドネシア、アメリカが支配するフィリピン、更にアフリカ、それら諸民族の政治的独立と自由を全く無視しているのです。そして彼らは有色人種を差別するのは当然としていた。

それを打ち破ったのが大東亜共同宣言なのです。

この宣言は人種差別撤廃を掲げていた。アメリカのオバマ大統領は大東亜共同宣言から誕生したのです。

このことを歴史で未だ教えることができない。日本はまさに戦後体制下にある。これから脱却しようとするのが主権回復を祝う日の真の意味なのに、安倍晋三君は一回でやめてしまった。

戦前を支えてきた精神を取り戻すことです。

英霊は、断絶した時代の気の毒な犠牲者ではないんだと。

我々もあの時代に生きれば同じことをする。これから同じ時代が来れば我々も同じようにやるんだ、と誓うのが英霊への慰霊である、と私は思います。

この精神を取り戻すことなき政党、地方分権だとか、大阪都を作ったら全てよくなるとか、そんなの子供の火遊びです。

明治維新は何で成ったのか。楠木正成《くすのきまさしげ》の精神を呼び起こして成ったんです。天皇陛下のために死ぬことほど偉大な愛はないと思うのが、我々日本の伝統であります。

山岡鉄舟《やまおかてっしゅう》に武士道という口述がありまして、天皇に対する至誠を、誠を貫くことが武士道だと言っています。そしてそれは日本において、万世一系の天皇がおられるわけですから、男だけが武士道を持つとか、女には武士道がないということではなく、男女等しくあるのだ、と。上は大臣、首相から、下は田舎の乙女、童に至るまで日本人は武士道を持っていた。これが日本というものだと、山岡鉄舟はこう言っているわけです。そして次に言ったのが、

「もののあわれ」が分かること。これが武士道の特色である、と。

俺達は鎌倉期以降、武士という階級ができて、俺も武士だから武士道という言葉を使っているのだが、もっと以前から日本が天皇をいただいて、国家として成立した時から武士

道があるのだと、こう言っております。

そこで、その山岡鉄太郎の武士道のもののあわれ、これは大戦中の敵大統領死去に際した弔電に現れています。

昭和二十年四月十二日、アメリカのフランクリン・ルーズベルト大統領が死去したとき、我が国首相、鈴木貫太郎《すずきかんたろう》はアメリカ国民に対して弔意の電報を打電しました。敵ながらあっぱれである貴国のルーズベルト大統領の死去に際して、

「私は深い哀悼の意をアメリカ国民の悲しみに送るものであります」

同時期にヒトラーは、悪魔が死んだというふうな罵詈雑言《ばりぞうごん》を浴びせた。アメリカに亡命していたドイツ人作家、トーマス・マンは「東洋に騎士道がある」と言って日本を讃え、ドイツが正反対なのを嘆いたそうです。

F・ルーズベルト大統領の死の直前の三月十日、アメリカ軍は東京に住む無防備な、無《む》辜《こ》の住民を無差別に焼き殺すため、大空襲を実施し、人口密集地を焼き尽くして、一夜で十万人以上を殺戮《さつりく》し、更に連日、住民殺戮を続けていました。

鈴木貫太郎首相は、東京のこの焼け跡の中でルーズベルト大統領の死を知り、アメリカに弔電を打ったのです。

鈴木貫太郎は如何なる苦難と悲しみの中でも、敵が如何なる鬼畜の行いをしていても、日

本人は人間性を失わない誇り高い民族であることをアメリカと世界に示さんとしたのです。

こういうことは支那では絶対ありえない。断言できる。文明が違うからです。支那は易姓《えきせい》革命の国です。この革命は異民族の政権を、異民族が倒して、全く違う価値観の政権を作るということですから、万世一系の我々の伝統とは全く違う。

従って、戦闘思想も全く違う。

支那の「孫子《そんし》の兵法」という戦闘思想の根本は、「兵は詭道《きどう》」。敵を騙《だま》すこと。こちらが弱いときには強いと見せかけ、強いときには弱いと見せかけ、遠いときには近いと見せかけ、相手の意表をついて、相手を騙すことだと。つまり異民族を絶滅させるための戦闘思想です。

吉備真備《きびのまきび》が、この孫子を日本にもたらした。しかし我が国には孫子とは違う戦闘思想があります。それは、騙すことではない。兵は誠心誠意の精鋭であると。詭道ではない、誠心誠意であるから相手を騙さない。

これには万世一系の天皇の下《もと》では、共に兄弟同士である、という前提があります。兵は誠心誠意の精鋭で、無秩序から和をもたらすためにある。どこの下の和であるか、それは天皇陛下の下の和であるということになります。

こういうところから日本では子供に「嘘をつくのは悪いこと」と教える文明が出てくる。孫子の兵法から出てくるのは、「騙されるのが悪い」ということ。「嘘つくことは悪くない。お前、騙されてはあかんぞ」と子供に教えることになる。この両者の文明が如何に違うか。現在においても如何に違うか。歌舞伎町に行って実感して下さい。

さて皆さん、次に、至誠とは何か。

自己犠牲です、天皇のための。

ヨハネの福音書では、友のために死ぬことほど尊い大きな愛はない、と書いてあります。日本では友のために死ぬことを含む、人間愛をすべて包んだ天皇のために死ぬんだということになるのです。日本人にとって「天皇のため」とは祖国、郷里、同胞、家族、親、兄弟姉妹、そして友への愛をすべて包んだ思いなのです。

我々日本人の心情は、数万年前、日本人と共通の先祖を持つアメリカインディアンの心情と同じです。彼らは白人に滅ぼされたが、我々は一億二千万人、ここに存在します。同じ信条を持って、我々は幸いにも近代独立国家を建設しえたわけですけど、インディアンと同じです。

楠木正成の最期と、インディアンの戦士ジェロニモの最期は一緒です。正成と同じように、死んでも生きると思っているジェロニモは、自分が死ぬ前日、「明日あの木の下に馬をつないでおいてくれ、俺は旅に出るから」と言って死んでいった。

インディアンの酋長シアトル、これは卓越した酋長でした。アメリカのワシントン州の都市シアトルは彼の名前からとったものですが、十九世紀半ば、アメリカ合衆国ワシントン州総督が、そこに住んでいるインディアンに、居住地に移って土地を明け渡すことを命じました。次はその命令に対するシアトルの抗議文です。

「貴方たちの神ゴッドは、我々の神グレートスピリッツとはまったく相容れない。何故ならゴッドは自分の民は愛しても異民族を嫌い、白い肌のわが子を優しくかばうけど、赤い肌の我々のことは一向に構わないからだ。

それに反して、我々の宗教は違う。我々の宗教は先祖からの伝統であり、厳粛なる儀式のもとで、世の静寂の中で、大霊より授かったものだ。それが偉大なる先祖のビジョンとなって我々の胸に刻み込まれている。

あなた方の先祖は、墓の入り口を通り抜けると、それきりあなた方のことを忘れるだろう。あなた方も彼らのことを忘れるではないか。しかし、我々の先祖霊は地上のことを決して忘れない。麗しき谷、のどかなせせらぎ、壮大な山々、彼らはしばしばその美しさを忘れられず戻ってきては、我々のもとを訪ね、導きをあたえ、慰めてくれる。

この地上のどこにも孤独な場所、誰もいない場所はどこにもない。いずこも先祖の霊でにぎわっているのだ。我々は決して孤独ではない。人間として正しく、そして麗しい心さえ忘れなければ、先祖の霊は君達に力を貸してくれるだろう。

私は死という文字は一度も用いていない。死は存在しないからだ。ただ生活の場が変わるだけなのだ」

これがレッドマンの酋長シアトルの言葉であります。我々と同じく、そこで死なないと思っている。

この自己犠牲の系譜を申し上げます。

私が第一に挙げるのは、皆さんご存知の弟橘媛《おとたちばなひめ》。日本武尊《やまとたけるのみこと》のお妃《きさき》です。焼津で原野に火を放たれた時、草薙の剣で炎に向かい草を切り払っていき、火が来ないようにした。その時、日本武尊は振り返って弟橘媛に、「姫、大丈夫か」と言った。火に向かって草を薙ぎ払っている時に…。

その後、船で現在の三浦半島と房総半島との間を渡ろうとしたところ、海の神が波を起こし暴風雨となったため、船は前に進むことが出来ませんでした。日本武尊と一緒に船に乗っていた弟橘媛が立ち上がりこう言いました。

「私がこの乱暴な海の神を鎮めるために海に入りましょう。貴方は天皇から命じられた任務を立派に果たして、ご報告申し上げなければなりません」

そして弟橘媛は、船べりから海に飛び込む時、次の歌をお詠みになりました。

「さねさし相模の小野に燃ゆる火の　火中《ほなか》に立ちて問ひし君はも」

「あの相模の国の野で燃える火の中、私の名を呼んで下さった、愛する貴方のためです」

そして海に身を投げた。すると荒波は鎮まり、船は無事に海を渡ることができました。

これほど尊い歌はありません。私はその時、弟橘媛は微笑んだと思う。

「貴方はあの燃える火の中で、私を救おうと思って、草を薙ぎ払いながら私を気遣い、『姫、大丈夫か』と言って下さいましたね」それだけです。

これに対して皇后陛下はこういう言葉を発せられております。

少女の時代にこの弟橘媛の物語に接して、

「運命を進んで自ら受け入れながら、これまでの人生で、最も感謝に満たされた瞬間の思い出を謳っていることに感銘という以上に、強い衝撃を受けました。はっきりした言葉にならないまでも、愛と犠牲という二つのものが私の中で最も近いものとして、むしろ一つのものとして感じられた不思議な経験であったと思います」

これが私達の国の、文字にして伝えられている自己犠牲の愛、つまりヨハネ福音書いう「友のために死ぬこと程大きな愛はない」という言葉の実践、日本的実践の姿だと思います。

それから万葉集に幾度となく出てくる防人《さきもり》の歌の素朴な心情は、今も我々の中に生き続けています。

神護景雲三年、宇佐八幡の信託事件。これは和気清麻呂《わけのきよまろ》、皇居のほとりに立像が建っていますが、彼は道鏡《どうきょう》から「お前宇佐に行って、俺が皇位につくのにふさわしいという神勅をもってくれれば、お前を太政大臣にしてやる」、内閣総理大臣にしてやると言った。内閣総理大臣にできるということは、反対の神勅を持ってきたら、おまえを殺す、ということを言われている。そして和気清麻呂は反対の神勅を持ってくる。

「我が国、開闢《かいびゃく》以来、君臣の分定まれり。臣をもって君と為すこと、未だこれ有らざるなり。天津日嗣は必ず皇胤《こういん》を立つ。無道の人はよろしく迅に掃蕩《そうとう》すべし」

この神勅を道鏡の待ち構える都に、殺される覚悟で持ってきた。

それから五百年後、一二七四（文永十一）年、対馬に三万もの蒙古軍が上陸してくるわけです。その時に立ち向かった対馬の武士は八十四騎であります。

親分は対馬守護代の宗助国《そうすけくに》、六十八歳。彼は八十四騎で三万の上陸軍に立ち向かいました。そして突撃して玉砕。その時に敵の大将、忻都《きんと》、これは弘安の役にも大将になってきた男ですが、こういう記録を残しています。

「私は色々な国の敵と戦ってきたが、このような恐ろしい敵と戦ったのは初めてである」

八十四騎ですよ。忻都が率いたのは三万。そして彼は八十四騎の戦いぶりを見て、このような恐ろしい敵と遭遇したのは初めてである、と言った。宗助国の首塚と胴塚は、三キロ離れて別々にありますから、五体裂かれてバラバラになったんでしょう。しかし宗助国らは、鬼神も逃げるような奮闘をした。

そして彼らは、微笑みながら突撃してきたと記録されています。日本人は微笑むんです。大義に基づいて決死のときには……。

私のホームページの表紙には十四名の特攻隊員、昭和二十年の特攻出撃一時間半前の、十八歳から二十二歳までの若者の写真が載っています。皆微笑んでいます。あの微笑みは甲子園球児たち以上の素晴らしい微笑み。弟橘媛の微笑みもそうだったんでしょう。

宗助国の玉砕から六十二年を経た建武三年、楠木正成が湊川で死んでいます。太平記にはこう書いてあります。

「正成、座上に居つつ舎弟の正季《まさすえ》に向かって、『そもそも最期の一念に依って、善悪の生を引くといえり。九界の間に何が御辺の願いなる』」

これからどうするか、俺達死ぬけれども、と言った時に、

「正季はカラカラと打ち笑うて、『七生まで只《ただ》同じ人間に生まれて、朝敵を滅ぼさばやとこそ存じ候え』と申しければ、正成よに嬉しげなる気色にて、二人刺し違えて死ぬ」と。

そして残り七十騎全員が死ぬわけです。このときもカラカラと笑っている。

楠木正成の遺言を見ていたらその謎が解けました。楠木正成は死なないと思っていた、本当に。こういう遺言です。

「世は世たらずといえども、吾れ人たらんことを嗜《たしな》むべきである」(『兵法の天才　楠木正成を読む』　家村和幸)

時々刻々に心を鍛錬して家業に励み、武士たる道を真実に心がけ、何事も怠らない兵は神明の意を越え、死に至るとも武士の名により辱めを受けることはない。もしも私、楠木正成の子孫が不義の人となって、私の遺言を守らなければこの正成は速やかに悪鬼と化して国中どこにいても見つけ出してお前を殺戮する。そうならないように、前述のことをしっかり覚えておけ。

つまり楠木正成は笑って死ぬけど、死なないと思っているのです。事実、楠木正成は死ななかった。

幕末には、イマ正成、イマ楠木と言われる人ばかり出てくる、そして死んでいく。そして大東亜戦争では楠木正成の家紋、菊水をつけて七生報国の鉢巻を巻いて突っ込んで行った人たちが数多いる。そして明治十年の西郷隆盛の「西南の役」の謎は湊川の戦にあります。西郷隆盛も楠木正成を尊敬していました。

明治天皇が、明治元年三月十四日、「五箇条の御誓文」と「国威宣布ノ宸翰《こくいせんぷのしんかん》」を発せられると同時に翌四月二十一日、湊川神社の創建を命じられています。

戦前戦後は連続している。敗戦後の日本は明治に立ち返るのだ、そして明治は何に立ち返ったのか、神武《じんむ》創業のもとに立ち返っているではないか、このように昭和天皇は言われたのです。

それは敗戦四ヶ月を経て、初めて迎えた新年、昭和二十一年一月一日に発せられた「新日本建設に関する詔書《しょうしょ》」です。

戦後の教育現場においては、この詔書に「天皇の人間宣言」というレッテルを貼って、その尊い内容を封印しているのですが、決してそのような薄っぺらなものではありません。

天皇が人間であることは、太古の万葉集以来、当たり前ではありませんか。万葉集第一巻、冒頭の歌は、雄略《ゆうりゃく》天皇の求愛の御製ではありませんか。

この詔書には、自虐史観はみじんもなく、天皇は日本の歴史と伝統の力を奮い立たせて、人類のために大いなる貢献をしようと国民を励ましておられるのです。

この詔書では明治天皇の「五箇条の御誓文」だけが引用されていますが、昭和天皇はここで、天皇を神話に基づくもの、などと熱狂的に言うなと言われただけです。その時に、昭和天皇は、明治天皇が十六歳で明治元年に発せられた「国威宣布ノ宸翰」の冒頭を思い浮かべられたと思うので、冒頭を申し上げますと、明治天皇十六歳、こう書かれています。

「朕《ちん》幼弱を以て猝《にわ》かに大統を紹《つ》き爾来《じらい》何を以て万国に対立し列祖に事へ奉らんかと朝夕恐懼に堪えざるなり」

世界の元首のなかで、これほど赤裸々に人間としての心情を、国民に告白する皇帝が世界のどこにいるでしょう。私は思わず涙するほど感激しました。同じように昭和天皇も、昭和二十一年一月一日に、心情を吐露されたのです。

このように我々の国の連続性は、天皇の詔書によって確保されています。

あとは万世一系の天皇をいただく私達が何をすべきかであります。

そのときに我々は、日本というものを、我々の魂として持たねばなりません。

日本が魂である、魂とは日本である、という日本的霊性を抱き続けている限り、我々は戦後から脱却できる。

冒頭に言ったように、憲法を、軍隊を取り戻すことである、何より七生報国、天皇のために死ぬ至誠、こう言ったら新しい右翼かと言われるかもしれないので、再び引用しますが、ヨハネ福音書、この至誠を取り戻すのです。

「友のために死ぬこと程、大きな愛はない」

インディアンの酋長の未亡人が息子に言った言葉
「お前が大きくなって、もし戦場に出たならば、決してお前だけ帰ってはなりません。友が敵に囲まれた時、必ず友を助けてきなさい。助けられない時は友と一緒に二人とも玉砕しなさい。武士の本懐を遂げなさい、そうしても母は決して悲しみません」
これが酋長の未亡人の、息子を戦場に送り出すときの言葉です。
これら人類に普遍的な思いを、日本人は天皇陛下のために死ぬと表現するのです。つまり日本人にとって万世一系の天皇のおられる日本は魂である、という表現になるということを申し上げます。


私の話の大きな柱は天皇であります。

日本の永久不滅の根源は天皇である。そして東日本大震災における天皇の姿を、法的に、最も端的に説明した文書は我が国にあるんです。それを指摘する者は、戦後体制下の政治の世界にいないでしょう。

これが「戦後という時代」なのです。

大日本帝国憲法第一条および第三条
大日本帝国ハ万世一系ノ天皇之ヲ統治ス
天皇ハ神聖ニシテ侵スヘカラス

三年九ヶ月前の東日本大震災に、我々の前に現れた、権威に基づく天皇の姿を法的にこれほど正確に表現した文章はありません。

しかし、これに目をつむって憲法改正、改正と言っている。非常に危険だ。このままでは、改正案は人民共和国憲法になりかねません。読売新聞社の憲法試案でも、最も大切な「天皇」の章は第一章ではないではありませんか。

左翼は「護憲派」ではありません。コミンテルンの指令以来、日本を解体しようとする改憲勢力なのですよ。

東日本大震災における、天皇陛下が「雄々しい」と言われた日本人の姿の中で、津波に向かって走っていく、多くの日本人の姿がありました。誰からも命令されていない。命令されていないけれども、津波に向かって走っていくパトカーと警察官の姿を見た人がいる。彼らは水門を閉めに行ったのです。そして帰ってきていない。一般国民の皆さんも友を救うために行ったんです。日本人は昔から変わっていないのです。

以上をもって、私の話を終えます。皆さん、誠にありがとうございます。

第二章

平和を望むなら、戦いに備えよ

松山歩兵第二十二聯隊

平成27年2月16日

二月十五日に伊予松山に行き、護国神社境内の会館で勉強会の講師を務め、翌本日十六日に堺に帰った。

護国神社の背後にそびえる綺麗な円錐形の山の裾に、多くの慰霊碑が建てられている。

少年飛行兵の碑を見て、勉強会において（私のホームページの表紙にある）台湾の桃園飛行場から笑って沖縄に出撃していった陸軍特別攻撃隊の少年兵達の写真を見てもらおうと思った。

そして、境内最大の慰霊碑、「歩兵第二十二聯隊　忠魂碑」にお参りした。

勉強会に参加した人達に聞くと、松山の地元でも、二十二聯隊のことを知らない人がほとんどになっているとのこと。

他方、松山市は、観光客向けに「坂の上の雲の町」との宣伝文句を流している。

司馬遼太郎《しばりょうたろう》氏の松山出身の秋山好古《あきやまよしふる》陸軍大将と弟の真之《さねゆき》海軍中将、そして俳人の正岡《まさおか》子規《しき》を主人公にした歴史小説「坂の上の雲」（文藝春秋）がベストセラーになり、ＮＨＫ

がドラマ化して放映したので「坂の上の雲の町」を謳い文句にすれば観光客が集まると、松山市が見込んだようだ。

なるほど、司馬氏の「坂の上の雲」には秋山兄弟は書いてあるが二十二聯隊には触れられていない。

そこには海軍の秋山真之少佐が、旅順の二百三高地攻略の重要性をまず陸軍に指摘し、陸軍の児玉源太郎《こだまげんたろう》が二百三高地を落としたから、旅順要塞が陥落したように書いてある。

しかし、松山市よ。

小説に飛びつかずに、郷里の人々の実際の歴史をもっと大切にしたらどうか。旅順要塞が陥落したのは、松山歩兵第二十二聯隊が、肉弾突撃を繰り返して、永久堡塁《ほるい》である東鶏冠山《とうけいかんざん》を突破し、旅順市街を眼下に見下ろす望台に雪崩れ込んだからである。

旅順が陥落しなければ、我が国は北の三十万のロシア軍と南の旅順要塞に籠もる三万のロシア軍に前後を囲まれ崩壊の危機に瀕する。そして、我々が日本人として生まれてきたかどうかも分からない。

この危機を救った英雄の碑が護国神社の「松山歩兵第二十二聯隊　忠魂碑」である。

イギリスは日英同盟のよしみで、イワン・ハミルトン中将をはじめとする高級将校を観戦武官として日露戦争の戦場に送ってきた。

彼らの報告に基づくイギリス政府の「公刊日露戦争史」には、次のように書かれている。

「結論として旅順の事例は今までと同様に、堡塁の攻防の成否は両軍の精神力によって決定されることを証明した。最後の決定は、従来と同様に歩兵によってもたらされた。……この旅順の戦いは英雄的な献身と卓越した勇気の事例として末永く語り伝えられるであろう」

この旅順要塞攻防の成否を決定した歩兵とは、松山歩兵第二十二聯隊である。「英雄的な献身と卓越した勇気の事例」を残したのは、松山歩兵第二十二聯隊である。そして、このことを「末永く語り伝える」べきなのは、松山市ではないか。(もちろん、旅順要塞に肉弾突撃した歩兵は二十二聯隊だけではない。しかし、松山市は、小説ではなく、まず第一に、二十二聯隊の実際の事例を語り伝えねばならない)

実は、五年ほど前に、同じ松山の護国神社で「二十二聯隊の碑」に参ったときにも、二十二聯隊は、その郷里である松山で、その国家に果たした武勲にふさわしい扱いを受けていないと感じたので、改めて以下に、松山歩兵第二十二聯隊の英霊がたどった歴史を書いておきたい。

松山歩兵第二十二聯隊忠魂碑前の「碑文」

聯隊は、明治十九年八月十七日、明治天皇の聖諭と共に軍旗を親授され、堀之内に創設された。

尓耒主として県内の若人が入営し、郷土聯隊として六十有余年に亘り、日清、日露の両戦役を始めシベリア派兵、上海事変、日支事変、北満の警備等、数度の外征に赫々たる武勲をたて、豫州健児の名聲を高めた。

大東亜戦の末期には、沖縄に転進して本土防衛の重任にあたり、優勢なる米軍の猛攻を受け、敢然死斗防戦につとめたが、遂に昭和二十年六月、沖縄南部地区の戦斗において、軍旗もろとも将兵全員玉砕した。

ここに諸先輩の偉勲を偲びその功績を称え英霊の永久に安らかな鎮座を祈念する。

松山の歩兵第二十二聯隊は、日清戦争においては仁川《じんせん》に上陸して平壌を支那兵から解放し占領した。

明治三十一年、善通寺に乃木希典《のぎまれすけ》将軍を初代師団長とする第十一師団が創設されるや、同師団の隷下に入り、日露戦争においては、乃木希典軍司令官が指揮する第三軍に編入されて旅順要塞攻略に当たる。

その担当攻略要塞は、旅順の死命を制する最重要の永久堡塁である東鶏冠山であった。歩兵によるその永久堡塁への攻撃策は、英国の「公刊日露戦争史」にある通り、突撃であった。

二百三高地は明治三十七年十二月五日に陥落したが、旅順要塞自体は、永久堡塁に守られてびくともしなかった。

しかし、二十二聯隊を含む我が歩兵部隊は、要塞を地下から爆破する工兵部隊と連携して屍の山を築きながら肉弾突撃を繰り返し、十二月三十一日に、旅順の三大永久堡塁である東鶏冠山、二龍山そして松樹山を落とし、旅順は遂に望台を残すのみとなった。


翌、明治三十八年一月一日午前七時三十分。

第九師団（金沢）の第三十五聯隊第三大隊長増田《ますだ》少佐は、望台を眺めて、「獲れる」と直感し、直ちに突撃した。善通寺の第十一師団第四十三聯隊第二大隊長松田《まつだ》少佐も直ちに突撃した。第三軍司令官乃木希典大将は、両大隊の突撃を追認し、二十八センチ榴弾砲をもって望台への集中砲撃を命じた。

午後三時頃、ロシア兵は退却を開始した。歩兵部隊の突撃が望台山頂に殺到していった。

午後三時三十分、望台山頂に日の丸が掲げられた。

午後四時三十分、第三軍前哨に旅順要塞司令官ステッセル中将の軍使が訪れ、降伏を申し出た。

一月五日、午前十時五十分、旅順要塞司令官ステッセル中将は、水師営を訪れて乃木将軍と会見した。

ここに、十三万人の兵を投入し五万八千の死傷者を出した旅順要塞攻防戦は終結した。

一月十四日、水師営北方高地で戦没将兵の慰霊祭が行われた。

午前十時、乃木希典大将が、祭壇の前に進んで祭文を朗読した。式場からは参加した将兵の嗚咽が聞こえてきた。


「乃木希典ら、清酌庶羞《せいしゃくしょしゅう》の奠《てん》を以て、我が第三軍殉難将卒諸士の霊を祭る。ああ、諸士と、この栄光を分かたんとして、幽明あい隔つ……悲しいかな。地を清め、壇を設けて、諸士の英魂を招く、こい願はくば、魂や、髣髴《ほうふつ》として来たり、饗《う》けよ」

この式場には、多大の犠牲者を出した松山歩兵第二十二聯隊の戦没将兵のために、聯隊の郷里である愛媛県越智郡河北高等小学校五年生の送ってきた造花が供えられていた。

以上、鈴木荘一著「日露戦争と日本人」（かんき出版）よりこの旅順攻撃に参加した松山歩兵第二十二聯隊の松山出身の櫻井忠温《さくらいただよし》少尉は重傷を負ったが、その戦闘の状況を書き留め「肉弾」という表題で発表した。この「肉弾」は、十五ヶ国語に翻訳され、世界的なベストセラーになった。

アメリカのセオドア・ルーズベルト大統領は本書に祝辞を寄せ、ドイツのウイルヘルム二世は、本書をドイツ軍全将校の必読書とした。

以来、松山歩兵第二十二聯隊は、「肉弾聯隊」と呼ばれて、その勇猛さを怖れられた。

その後、松山歩兵第二十二聯隊は、大正期には、シベリア出兵。

昭和に入り、十二年の上海事変、十四年の草原の日ソ戦であるノモンハンに出兵する。

そして満洲の警備に当たっていたところ、十九年八月、沖縄に転戦する。

昭和二十年四月一日、アメリカ軍十六万、沖縄嘉手納に上陸する。

以後、二十二聯隊は連日アメリカ軍と激闘の末、後退して南部の真栄里《まえざと》に聯隊本部を置く。

六月十七日、吉田勝《よしだまさる》聯隊長戦死。

六月二十四日、真栄里において、聯隊旗奉焼、二十二聯隊全員玉砕。

六月二十五日、日本軍玉砕発表。

しかし、その後も玉砕時、聯隊本部から離れていた二十二聯隊兵士達は、糸満南方で、徹底抗戦し続けた。

そして、戦死した。郷里、松山に、生きて帰った兵士はいない。

以上が、鬼神も泣く、松山歩兵第二十二聯隊の歴史である。

神風特別攻撃隊敷島隊出撃七十周年に際して

平成26年10月27日

十月二十四日午前十時三十分、東京晴海埠頭にて日本軍将兵の遺骨の、厚労省への引渡式に臨んだ。

それは、海上自衛隊遠洋航海練習艦隊旗艦「かしま」がソロモン諸島にて、艦内に引き取り安置し、日本に帰還したガダルカナル島での戦没者、百三十七柱の遺骨である。

翌、二十五日午前十時三十分、愛媛県西条市の楢本《ならもと》神社前広場にて挙行された特攻出撃の第一号となった関行男《せきつらお》海軍大尉（特攻による二階級特進で中佐）を隊長とする敷島隊五名の慰霊追悼式に臨んだ。

我が国本土から遥か南東の赤道直下の南太平洋にソロモン諸島がある。西のニューブリテン島と東のガダルカナル島の距離は約千キロである。そして、その両島の中間にブーゲンビル島がある。

その海域の海空においては、昭和十七年から、ニューブリテン島のラバウルを基地とした海軍基地航空隊と駆逐艦隊が奮戦し、ガダルカナル島とブーゲンビル島には陸軍部隊が送り込まれた。

その熱帯ジャングルの島に送り込まれた陸軍兵士達は、ガダルカナル島を餓島（ガトウ）と呼びブーゲンビル島を墓島（ボトウ）と呼んだ。

即ち、餓死する島であり、墓の島と呼んだのである。

その名の通り、ガダルカナル島には三万の兵士が送り込まれ二万人が戦死した。そのうち戦闘による死者は五千人で餓死が一万五千人であった。飢餓は墓島のブーゲンビル島でも同じであった。ソロモン海域で、物資の輸送に当たった駆逐艦隊がほとんど海に沈んだからである。

また、海軍航空隊は、往復二千キロを飛ばねばならないラバウルからガダルカナル島上空に出撃して八千機の飛行機と八千人の優秀なパイロットを失った。

二十四日に祖国に戻ってきた百三十七柱のご遺骨は、このガダルカナルに上陸した陸軍兵士のものである。

ラバウルの海軍航空隊と駆逐艦隊兵士のご遺骨はソロモン海の「水漬《みづ》く屍《かばね》」となって戻ることはない。

また、昭和十九年七月、サイパンとテニアンを陥落せしめた後に、日本軍に対して圧倒的に優勢になった海空戦力をもってフィリピンに押し寄せたアメリカ軍空母機動部隊に対して、同年十月二十五日、初めて航空機による体当たり攻撃を敢行し、敵空母セントローを撃沈するなどの戦果を上げたのが、関行男中佐が指揮する五名の敷島隊であった。

以後、敗戦の日まで特攻出撃は続いた。

もちろん、彼ら特攻出撃の関中佐以下、六千四百十八名の若者の遺骨は「水漬く屍」となって帰らない。

そして、この度、二十四日と二十五日の連日、晴海埠頭と西条市において、このような想像を絶する悲壮かつ悲惨な最難戦の渦中において戦死した、我が将兵の「霊」に接することができたのである。

そこで、この両作戦を決定した我が国の大本営および陸海軍上層部の、戦略・戦術の妥当性および痴呆だったのか無能だったのかの領域に関しては触れずに、とにかく、「現地のその状況の渦中」にいて「命を投げうっていった英霊」を、「現在の状況の中」にいる「現在に生きる我々」が、慰霊し、追悼するとは如何なることなのかについて思うところを記したい。

特に、二十五日の西条市において、関行男中佐ら五名への追悼の言葉を求められたので、その場で述べたことを中心に記すことにする。
それは理屈ではない。単純にして明解である。

1、英霊と我々を、断絶した別の世界に生きる者とし、その上で、英霊を悲惨な時代の悲惨な状況の中に放り込まれた「犠牲者」とみなして、哀れむことは追悼ではない。
英霊と我々は連続した同じ世界に生きている。
彼らは、「戦士」ではないか。我々も、祖国の求めに応じて「戦士」になる。
2、そして、我々が日本の永続を信じて、後世の子供達のために何かを残したいと思っているように、英霊も日本を信じて後世の我々に、後を頼むぞと「何か」を託したのだ。
その「何か」とは、母国の永続、弥栄と、子孫の幸せである。
3、従って我々も、英霊と同じ「その状況の渦中」に置かれれば、英霊を手本にして同じことをする、ということを英霊に誓う。この誓いが、英霊への追悼である。
英霊を別世界の者として哀れむことは追悼ではない。
4、即ち、英霊と我々は、同じ民族の同じ血を共有していることを認識し、英霊の敢行したことは、我々も当然にする「民族の血」に根ざしたことである、と確認することが、英霊への追悼である。

5、東日本大震災において、多くの人が、水門を閉めるため、人を救うために巨大津波に向かって走って行くパトカーや消防士や無名の市民の姿を見ている。

彼らは、「現在の英霊」である。

このように、日本が日本である限り、英霊は、いつも甦る。

よって、あなた方は孤独ではない、我々もあなた方に続く、と呼びかけることが英霊への追悼である。

天皇陛下のパラオ・ペリリュー慰霊

平成27年2月2日

天皇皇后両陛下は四月八日と九日、大東亜戦争においてアメリカ軍から「天皇の島」と呼ばれた日米両軍の激戦地である西太平洋のパラオ・ペリリュー島を訪問され、戦没将兵を慰霊される。

両陛下による太平洋における慰霊は、硫黄島からサイパン、そして遂に、パラオ・ペリリューに至られることになる。

ペリリュー島の戦いは、昭和十九年九月十五日から十一月二十五日まで行われた。島に押し寄せたアメリカ軍は戦車百十七両を擁する総員四万八千七百四十名。迎え撃つ中川州男《なかがわくにお》大佐率いる日本軍は一万五百名。

そして、日本軍は最後まで勇戦敢闘して玉砕した。戦死一万六百九十五人、捕虜二百二人。しかし、戦闘終結後も三十四人の日本軍兵士は、洞窟を転々として島内で生き残り戦後の昭和二十二年四月二十二日にアメリカ軍に投降した。

アメリカ軍の太平洋艦隊司令長官チェスター・ニミッツ提督は、この日本軍将兵の戦いに対して次の詩を残した。
この詩文は、現在、ペリリュー島に建てられた碑に刻まれている。

「Tourists from every country
who visit this island should be told
how courageous and patriotic
were the Japanese soldiers
who all died defending this island.
Pacific Fleet Commander in Chief（USA） C.W.Nimitz」

「諸国から訪れる旅人達よ、
この島を守るために日本軍将兵が、
いかに勇敢な愛国心をもって戦い、
そして玉砕していったかを伝えられよ
太平洋艦隊司令長官 C.W ニミッツ」

さて、天皇皇后両陛下は、サイパンに続いてこのパラオ・ペリリュー島を訪れられて戦没将兵を慰霊される。

日本人は、この精神世界（霊的世界）における意義に深く頭を下げ、両陛下と共に祈らねばならない。

パラオ・ペリリューは、海から大東亜を俯瞰する位置にある。即ち、大東亜戦争の全戦域を俯瞰《ふかん》する位置にある。従って、両陛下は、パラオ・ペリリューからペリリュー島の英霊のみならず大東亜の全戦没将兵の慰霊をされることになる。

この大東亜の全戦域における戦没者は、二百万人以上であり海に漬かり、陸に埋もれる未帰還のご遺骨は百万を超える。そして、この全将兵は、大東亜の諸民族の自立と共存共栄の大義のために戦ったのであり、敵将のニミッツ提督の言う通り、その勇気と祖国愛は語り伝えられるべき英霊である。

そこで、我が国の神話を教えない戦後教育のなかで、封印されるように、意識の外に置かれている天皇陛下のお立場を、よくよく見つめてみようではないか。

天皇、それは、その権威が神秘に発する祭祀の主催者にして祈る御存在である。

天皇は、天照大神が孫の神武天皇に与えた天壌無窮《てんじょうむきゅう》の神勅によって、永続を確保されて現在の我が国の天皇である天照大神の子孫である。

世界に、これほどの「権威」があろうか。

このことを戦後教育は、これを語るものを神懸かりとして意識の外に追いやる。我が国の特殊な戦後的先入観のない外国人の方が、天皇の権威の本質を素直に実感するので、次に、二年前の伊勢神宮の式年遷宮を見たフランス人が「フィガロ誌」に書いた一文を書いておく。これが、天皇陛下の権威の淵源《えんげん》である。


「闇と沈黙のなかで、女神アマテラスを聖櫃に奉じ、これに生絹を掛けて神官の群れが粛々と運んでゆく。生きとし生けるものの起源そのもののシンボルが、いま、眼前を通りすぎてゆく……この景観に、われらの小我の殻など、微塵に吹っ飛んでしまう」

この天皇の権威、これは思想でも教義でもイデオロギーでもない、我々の心情を深く揺り動かす根源的なものである。

この権威に対して、畏れ多い、という言葉を、昔の人は自然に口にした。

日本的霊性は、ここから生まれた。

この天皇陛下が、この度、畏れ多くも、パラオ・ペリリューに赴かれて、広大な海と陸において、アジア解放、大東亜共存共栄のために戦った将兵を慰霊される。

アジアにおける全将兵の霊が喜び、東アジアが明るくなるではないか。これは、霊的世界における、まことに大きなことである。世界精神史における画期的なことである。

かつてアメリカ原住民の酋長は次のように語った。

「白人の神ゴッドは、ただ自分の信者の白人だけを可愛がる。

しかし、我々の大霊グレートスピリットは、そんなえこひいきはなさらない」

この言葉は正しい。最近、フィリピンをローマ法皇が訪問したが、それはただ信者の世界だけのことである。しかも、フィリピンがカトリック国だということはスペインがフィリピンを植民地にした結果である。東アジアの明るさとは関係ない。むしろ、スペインに支配される前の先祖から見ればその反対だ。

これに対して、天皇陛下は、「えこひいき」はなさらない。

天皇陛下の、パラオ・ペリリューにおける慰霊は、広大な大東亜全域でアジア解放のために戦った二百万英霊の慰霊であり、「生きとし生けるものの起源そのものの」による慰霊であり、天照大神の天壌無窮の神勅により降臨し即位された神武《じんむ》天皇より百二十五代の今上陛下による慰霊である。

これは、我が万邦無比《ばんぽうむひ》の日本の天皇にして初めて為しえる、とてつもないことではないか。

ここ数年、我が国は天変地異の中にあるが、天皇陛下の、パラオ・ペリリューにおける慰霊は、国民の意識を明るく覚醒させる深い意義を湛《たた》えているのではないかという予感がする。即ち、アジアの英霊が集まってきて、祖国日本の誇りある再興を加勢し始めてくれるのではないか。

天皇陛下は、これほど尊いありがたいことをなさるために、パラオ・ペリリューに行幸される。

以上、本朝、仁徳《にんとく》天皇の御陵に参拝の後に、畏れ多いことながら、天皇陛下のパラオ行幸について書かせていただいた。

次に、宮内庁そして安倍内閣に苦情を申す。

パラオにおける天皇皇后両陛下のご宿泊先を、海上保安庁の巡視船「あきつしま」にするとは何事か。天皇の我が国家における御存在を何と心得ているのか。君側の情けない官僚組織よ。天皇陛下の乗られる飛行機は、政府専用機と言っているが、これは国家を示すエアー・フォース・ワン、空軍機であり航空自衛隊が運用している。

従って、天皇陛下の乗られる船は、海上自衛隊の運用する軍艦であるべきだ。宮内庁および安倍内閣、国家の品格というものが分からんのか。パラオにおける天皇陛下のお召艦は、国家を示す軍艦旗を掲げた海上自衛隊の大型輸送艦「おおすみ」で、前後左右四隻の護衛艦と若干の潜水艦によって警護され威風堂々とパラオのコロール沖に集結すべきである。パラオの国民も英霊も如何に喜ばれるか。

また、「おおすみ」には病院船の機能と設備があり、ゆっくりとお休みになれるスペースが確保できる。巡視船にはその機能がない。

宮内庁および安倍内閣は、両陛下がご高齢であられるのが分からないのか。

平和を望むなら、戦いに備えよ

平成26年8月15日

六十九回目の八月十五日を迎え、特に本日、肝に銘じなければならない格言がある。それは、

「平和を望むなら、戦いに備えよ」

これは、ローマ帝国の軍事学者ウェゲティウスの言葉であると教えられた。ウェゲティウスの名は忘れても、古代ローマのこの言葉が残り伝えられてきたのは、これが人間社会の真実であるからである。

八月に入れば、広島と長崎の原爆投下の日を迎え、総理大臣が出席して追悼式が行われる。そして、戦争ほどむごたらしいものはない、平和が大切だというメッセージが発信される。そして、本日八月十五日の終戦記念の日の全国戦没者追悼式まで、テレビなどで戦没者の遺書や戦争の悲惨さを伝える番組が放映される。

このように、我が国の八月は、戦没者を追悼し強く平和を願う月である。

従って、特に、この八月十五日にこそ言う。

「平和を望むなら、戦いに備えよ」、と。

「戦いに備える」とは、「平和を確保すること」である。

「戦いに備える」ことなくして、「平和」はない。


現在、我が国を取り巻く情勢は、まことに厳しく、周辺情況は、もはや平和ではない。

中共は、力の空白が生まれれば、ためらうことなく軍事力を行使して覇権の拡大を狙ってきた。そして、この軍事力による中共の覇権拡大行動は、南シナ海から東シナ海に徐々に北上し、我が国の沖縄群島に至りつつある。

この厳しい情況の中で、平和を望むのならば、戦いに備えねばならない。

戦いに備えるとは、軍事力を強化充実するということだ。

これは、現在のアフリカ東海岸のように、恐ろしいウイルスが猛威を振るうなかで、命を守り健康を望むのならば、ウイルスと戦う医療を充実しなければならないのと同じである。

本日が、戦没者を追悼し平和を願う日であるのならば、本日は、平和を確保するために、戦いに備えることを戦没者に誓う日である。

この誓いなくして、戦没者の追悼はない。


よって、本日、これから靖国神社に参拝する。

ガダルカナルから英霊の御遺骨百三十七柱が帰国

平成26年10月24日

本日、海上自衛隊の平成二十六年度遠洋練習航海部隊が、五ヶ月以上にわたる遠洋航海を終え、旗艦「かしま」以下三隻の練習艦が午前九時に東京晴海埠頭に入港した。

この度の遠洋練習航海の画期的なことは、大東亜戦争の激戦地であったソロモン諸島ガダルカナル島の土に埋没していた戦没日本軍兵士百三十七柱の御遺骨を、ソロモン海域において旗艦「かしま」に安置して帰国の途につき、本日午前十時半、東京晴海埠頭で厳かな儀式のうちに厚生労働省遺体安置室に引き渡したことである。

今まで、何度となく、大東亜戦争において、外地に斃れたまま放置されていた戦没兵士の御遺骨が日本本土に帰ってきた。

しかし、全て御遺骨は民間の飛行機や船で日本に運ばれ、日本では厚労省職員がそれを受け取っていた。そこに、自衛隊の関与と自衛隊員の姿はなかった。

外地で斃れた兵士達は、全て国家の命令により戦地に赴き、戦闘状態のまま兵士として戦死している。このような兵士の御遺骨が祖国に帰還する時には、軍隊がそれを栄誉礼をもって出迎えるのが世界の常識である。

ところが、我が国においては、英霊の御遺骨を軍隊（自衛隊）が武人に対する敬意をもって迎えることはなかったのである。

この度、御遺骨百三十七柱が、ソロモン海域から帝国海軍と同じ軍艦旗と日の丸を掲げた護衛艦により祖国日本に運ばれ、海上自衛隊の栄誉礼をもって迎えられてから厚労省に引き渡されたことは、当たり前のことながら戦後初めてのことで、まさに画期的なのである。

午前十時三十分からの式は、次の通り始まった。

午前十時、

旗艦「かしま」の後部タラップから、練習艦隊司令以下練習生百七十余人が一列になって埠頭に降り立ち「かしま」を背にして整列した。

午前十時二十分頃

「かしま」の前方の埠頭に整列した軍楽隊が「軍艦マーチ」を演奏した。

午前十時三十分、

「かしま」の前部タラップから十個の御遺骨の入った白い箱がそれぞれ十人の水兵に抱かれて、静かに埠頭におりてきた。

その時、軍楽隊は「海ゆかば」を演奏し始めた。その演奏は、白い箱が儀仗《ぎじょう》隊の前で栄誉礼を受け終わるまで続けられた。

栄誉礼が終わると、水兵が白い箱を厚労省職員に渡し、厚労省職員はその箱を「かしま」の前に設置された祭壇に置いた。

来賓と遺族が、その箱が置かれた祭壇に黄色い菊を献花した。

再び軍楽隊の「海ゆかば」の演奏のなか、白い箱が厚労省職員によって安置所に向かうためにバスに運ばれ、埠頭から離れていった。

以上

御遺骨の入った白い箱が、「海ゆかば」が響く中を、静かにゆっくりと軍艦から出てきて埠頭に向かうとき、言いしれぬ思いに襲われ、涙が流れ出るのをこらえた。

後に、来賓席の後方でカメラを構えていた親しいカメラマンが言った。

「泣きながら、カメラを持っていましたよ、みんな泣いていましたよ」

戦後六十九年、外地の戦場で斃れた兵士達は、未だ百万人以上も外地の土の中に放置されたままだ。

また、幸いにも身内のいる祖国に帰った御遺骨においても、今まで、祖国において、このような敬意と栄誉礼をもって迎えられたことがあろうか。

本日は、ささやかな帰還式であったが、実に画期的であったのだ。

式終了後、話す機会のあった士官に言った。

「儀仗兵が銃を持っているので、二十一発の弔砲《ちょうほう》を撃つのかと思ったが、弔砲がなくて残念だった」

士官は返答した。

「次は、弔砲を撃ちたいです」

明日は、関大尉らが、初めて特攻出撃してから七十年の日に当たる。

彼ら、特攻隊員六千余人は、文字通り玉砕、散華したので遺骨はない。

慰霊の日は続く。

サイパンの赤トンボ

平成26年10月17日

十月の初め、台風十八号と十九号が通り過ぎる合間に、慰霊の地であるサイパンとテニアンを訪れた。

サイパンとテニアンも、全島が慰霊の大地であるとともに慰霊の海に囲まれている。これらの島の中の、日本軍兵士が多く亡くなった地域には、今でも霊がでると言われており、島民は住まないと島のガイドが言う。

それ故、多くの兵士が斃れた地をはしる細い道は、人気のないジャングルに囲まれて続いている。

そして、その道には、多くの赤トンボが飛んでいて、私達の周りに群れてきた。

その赤トンボは、私が子供の頃に見た赤トンボと同じだった。

手を伸ばすと、指にとまりそうだった。学生の頃、四国の田舎からでてきた学生寮の友人が郷里を思い出して、赤とんぼの群れの中で竹の棒を一振りすると数匹落ちたよ、と語ったことをサイパンで思い出した。

トンボを見ると、童心に返る。
子供の頃、鬼ヤンマだけ、どうしても捕まえることができなかった。
それで不思議なことに、六十五歳になって、夢の中で、やっと鬼ヤンマを捕まえた。
嬉しかった。

そして今日、大阪の台風一過の秋晴れの日差しのなかに、赤トンボが飛んでいるのを見た。
ああ、そうだったのか、
サイパンとテニアンの、あの多くの赤トンボは、
郷里を遠く離れて斃れた兵士達の童心が、飛んでいたのか、と思った。
すると、涙があふれてきた。

国会論戦とサイパンとテニアン

平成26年10月7日

我が国を取り巻く内外の情勢はまことに厳しい。

この厳しい情勢下における国会の論戦は、まず、如何にしてこの厳しい情勢に対処してこれを克服し、以て、我が国家の安泰を確保せんとするのか、という根本的な問題意識から成されねばならない。

まさに、この観点から論者の評価は定まるのである。この具体的な使命感・問題意識なき政治の議論を空理空論というのだ。

しかるに、本国会冒頭において、自主憲法制定を冒頭に掲げた平沼赳夫先生以外に、総理の答弁を含めて、この観点からの評価に耐える論を展開し得た者はなかったのである。

この危機に臨んでさえも、未だ与野党含めた政界には、平沼赳夫先生以外に、

「国家の存立のために当たり前のこと」

をズバリと提起する論者はいないのである。

では、何が「当たり前のこと」なのか。

それは、自明ではないか。

昭和二十二年五月三日に施行された「日本国憲法」を書いた者が、「日本国憲法は『日本を永久に武装解除されたままにおくため』に書いた」と明言しているではないか（チャールズ・L・ケイディス元GHQ民政局次長、陸軍大佐）

従って、我が国に迫る危機を克服するためには、

「日本の国のあり方を日本人自身の手で決定する自主憲法を制定することを通じて、日本の独立と繁栄を守るとともに、世界平和と人類社会の進歩に貢献する」（十月一日、衆議院本会議における平沼赳夫発言）以外に方策はない。

これ、自明ではないか。

真実はこの単純にして明白なことのなかにある。

問題は、この単純明白なことを政界において発言し、かつ如何にしてそれを実践し実行するかである。そして、これは既に人知を超えている。

これは、我が日本の悠久の歴史と伝統を生み出してきた無量のご先祖、天地神明、そして間近くは祖国の永続のために、戦場で殉じた英霊のご加護によってはじめて成せる。

国会の主要論戦に接してこの思いを深めていたのだが、ちょうど、かねてから西村塾によって、週末に中部太平洋のサイパンとテニアンの戦跡訪問と慰霊が計画されていた。

以下、この慰霊の旅の概要を述べる。

有意義な旅だった。英霊の慰霊とはおこがましい。

反対に、英霊に励まされ、突き動かされる旅となった。

サイパンとテニアンで最後まで勇戦敢闘して玉砕した英霊は、軍司令官以下全員、ここで戦うことによって本土への戦略爆撃を阻止できると確信し、その大義のために最後まで戦ったのだ。

十月四日から七日早朝まで、サイパン・テニアンに滞在した。

そして、島の戦跡と玉砕の地を廻った。

サイパンの北端、海から切り立った「バンザイクリフ」とその背後に垂直に二百メートル以上切り立った「スーサイドクリフ」の頂上に立ったとき、全員無言であった。

目に涙がしみ出してきた。

英霊が身を投げた太平洋の波濤を吹き抜ける風と、断崖に当たる波の大砲を撃つようなドーンという響き、そして背後の「スーサイドクリフ」直下の密林から、

「おーい、しっかりせんかー！　がんばれー！……

俺達が何のために死んだのか分かっただろう」

という英霊の声が聞こえてきたのだ。

サイパンからセスナ機に乗ってテニアンに行った。

上空から見ると、ジャングルの緑の中を東西に四本の線が島を縦断している。これが、空の要塞といわれたＢ29戦略爆撃機の滑走路だ。

着陸して、地上のジャングルの中の小道を進むと「ATOMIC　BOMB　PIT」と書いた木札があった。

その指し示す方向に進むと、広大な扇型の広場に出た。その広場の左には「NO1 BOMB LAODING PIT」と書かれた地点があり、右には「NO2 BOMB LOADING PIT」の地点がある。

左が広島に向かうＢ29に原子爆弾を搭載したところであり、右が長崎に向かうＢ29に搭載したところである。その左右の搭載地点の中間に白いプレートが建てられており次のように書かれていた。

「NORTH　FIELD　HISTORIC　DISTRICT」

「NATIONAL　HISTORIC　LANDMARK」

何を言うか！

この地点こそ、広島の爆心地にある

「過ちは繰り返しませぬから……」

と刻んだ石を持ってこなければならない地点ではないか。

そして我々は、このB29が、広島・長崎に向けて、無辜《むこ》二十万人を殺すために離陸していった滑走路に出た。

固めた砂の滑走路は今もジャングルの中を二千メートル続いていた。

原爆だけではない。ここから、五万トンの焼夷弾が東京、大阪、名古屋、神戸などほとんどの日本の都市上空に運ばれて投下され、数十万の無辜の同胞が焼き殺された。

この滑走路に立つと、熱帯の暖かい風が蕭々《しょうしょう》として冷たかった。身の毛がよだった。

世は、ナチスによるユダヤ人虐殺の場であるアウシュビッツ強制収容所を残して、歴史の悲劇と人の恐るべき狂気を伝えようとする。

そうであれば、アウシュビッツの次元を超え、かつ、それを遥かに凌ぐ人類に対する虐殺の場として、テニアンのこの地点は残されるべきだろう。

何故なら、アウシュビッツは独裁国家の独裁者の狂気であるが、原子爆弾は、民主主義国家によって、正義の名において、人類に使われたからである。

更に、今に至るもアメリカ人は、それが「正義」だと思い込んでいるからである。これぞ、「地獄への道は善意によって舗装されている」という格言の恐ろしい現実の姿ではないか。これは、アウシュビッツ以上に恐ろしい人類に対する犯罪である。

何故なら、「地獄への道は民主主義の正義によって舗装されている」ことを示しているからだ。


この旅は、六日の月曜日早朝に帰国する予定であった。しかし、台風でフライトが中止になり帰国が一日遅れて今日の七日になった。

これはやはり、英霊が、

「おい、観光客のように来てさっさと帰るな」、と言われているのだと思った。

それで、余分に滞在することになった六日の午後、風雨の中を靖国神社の御神酒とウイスキーを持って「バンザイクリフ」と「スーサイドクリフ」を訪れた。

そして波濤の海を眺め見下ろしながら、座り込んで、英霊と共にゆっくりと酒を飲ませていただいた。

いい酒だった。めずらしく呂律が回らなくなった。

第三章

国防は最大の福祉である

駐在武官の情報収集について

平成27年2月3日

以前、情報は、「盗む」か「買う」か「交換する」かの三つの手段により収集できると書いた。その上で、この度の「IS（イスラム国）」の日本人人質に関する情報を、日本国政府は、如何にして集めていたのか。これが非常に心もとない。

というのも、この度も、二年前のアルジェリアのイナメナスにおけるイスラム過激派の邦人十名の殺害テロ事件の時と同様だったからだ。

何が同様だったのか。この度も、政府はイナメナスの時とそっくり同じ台詞、「ただいま、情報を収集しています」と繰り返していたからである。

私は、この度もイナメナス同様に日本政府には全く情報が入っていないと推測していた。しかし同時に、駐在武官の世界からは情報が取れるのではないか、我が国の防衛駐在官連中は、的確な有意義な情報を掴む可能性がある、と期待した。

そして、防衛駐在官に関して書き込んだのだが、私の操作の誤りで（多分そうなんだろう）、書いたものが全て一瞬のうちに消えてしまった（虚脱感に襲われ再び書き込まなかった）

すると今日、総理がヨルダンに防衛駐在官を新たに置くことを明らかにしたと報道されている。やはり、防衛駐在官に関して書いておくことにする。

総理が、防衛駐在官をヨルダンに置くことにしたこと、およびその理由は正しい。総理が言うように、「軍事情報は同じ軍人にしか渡さない慣習がある」からである。

従って、ヨルダンに防衛駐在官を置けば、ヨルダンにて有益な軍事情報を得ることができる可能性が高まる。

一九八一（昭和五十六）年十月六日、

エジプトのサダト大統領が、軍事パレードを観閲中に、こともあろうにパレード車両から銃を持って飛び降りた兵士によって銃撃された。

大統領は、直ちに現場から運び出され病院施設に収容される。しかし、その容態は発表されなかった。各国の間ではサダトが生きているのか、死亡したのかが重大問題になった。

その時、我が国の防衛駐在官が、他国の駐在武官から、「サダトは既に死亡している」との他国が知らない重要情報を得る。この事例のように、軍人は軍人に重要情報を渡す慣習がある。

問題は、「サダト既に死亡」という情報を防衛駐在官からいち早く得た外務省が、この情報を生かし得たのか否かであるが、このことに関しては（案の定）よく分からない。

さて、防衛駐在官であるが、これは自衛隊発足後に始まった制度であり、自衛官が、外務事務官になって外務省と在外公館の指揮下に入って在外公館に勤務し、主に軍事防衛関係の情報を収集する制度である。

この時、防衛駐在官は、自衛官の身分を併せ持つが、あくまで外務省の指揮下にあり、得た情報も外務省に伝達しなければならず、外務省経由でなければ防衛省にも情報は届かない。さらに、防衛駐在官には、一般の外務事務官より厳しい規制が課される。

言うまでもなく、既にお分かりのように、この防衛駐在官制度は、「戦後特有の制度」であり、自衛官を徹底的に「軍人」として扱わない制度である。

しかし、防衛駐在官も制服（軍服）を着用できるので、外国の駐在武官は防衛駐在官を同じ「軍人仲間」として扱い、情報を渡してくれるという訳だ。

外国の彼らに、軍服を着用している防衛駐在官が、百パーセント外務省の指揮下にあると言えば、日本とは何と奇妙な国かとびっくりするであろう。

そこで、安倍総理が、この防衛駐在官をヨルダンに置くという判断は適切と思うのだが、この際、この「戦後特有の制度」としての百パーセント外務省指揮下の「防衛駐在官」を止めて、今までの「防衛駐在官」を、これからは各国と同じ「駐在武官」として海外に出してはどうか。ということは、軍事を毛嫌いする外務省による防衛駐在官特有の、手かせ足かせを外して、軍事情報の分析能力がないくせに有職故実だけには長けて気位の高い公家集団の外務省への情報一元化を廃する、ということだ。

その上で我が国の駐在武官が各国の駐在武官と「軍人同士」としての交際を深めていけるようにする。

あたかも、日露戦争前にフランスやロシアに出た陸軍の秋山好古《あきやまよしふる》や海軍の広瀬武夫《ひろせたけお》のように、現在の我が駐在武官も、明治の先人と同じように、

「我、日本を背負えり」

という気概を持って海外での仕事に邁進できるようにするのが、我が国益に適うと確信するのである。

国防は最大の福祉である

平成27年1月17日

本日一月十七日は、阪神淡路大震災の発災から二十年を経た日である。

あの突然の大地震で、一瞬のうちに最愛の生き甲斐ともいえる幼いお子さんや肉親を亡くした人々の消えることのない悲しみを思うと、今も目頭が熱くなる。

謹んで、犠牲となった皆様のご冥福をお祈り申し上げます。

あの日の朝、まだ暗い五時四十六分、大阪湾を隔てて神戸の対岸に位置する堺市の自宅で寝ていた私は、ダンプカーが家にぶち当たったのではないかと思い飛び起きた。

二階に駆け上がると、子供三人は蒲団の上に座って何事が起こったのか理解しがたい顔つきをしていた。子供達の無事を確認して一階に下りてテレビを付けたが、画面には暗闇が映るだけで、何事が起こったのか、推測もできなかった。

これが阪神淡路大地震直後の状況である。

その後、明るくなって空撮映像がテレビに映るようになる。

神戸の各地から黒い煙がまっすぐ空に伸びている。その地上には赤い炎が見えた。そして高速道路が倒壊している現場や、高速道路から前輪を空間に出し、今にも落下しそうな状態で止まっているバス、そしてレールのなくなった地面に横たわる阪神電車の車両が映された。神戸に未曾有の被害が起こっていたのだ。午前十時くらいになると、神戸を遠く離れた堺まで車両の停滞が及んできて、車両で神戸に入ることは困難と思われた。

三日後、甲子園口まで電車が動いていたので、堺から甲子園口まで電車で行き、そこから徒歩で西宮芦屋の沿岸部から神戸三宮の神戸市役所を訪れた。それから国道二号線の北側の山の手の幹線を歩き、甲子園口に戻った。約五十キロ歩いた。

被災地の道路には、被災した方々が延々と歩いており、各所で自衛隊と警察の救助活動が行われていた。

その徒歩移動する被災者の列を止めて、時々大型乗用車が走り去る。その後部座席には若い記者一人が乗っている。マスコミのチャーター車だ。

また、パトカー先導で歩行者の列を止めて大型車が走り去る。後部座席には、明らかに議員とおぼしき者が乗っている。この情景は、アフリカの映像でよく見る難民の列の横を高級車で走り去る特権階級と変わらない。

数日後、国会に出ると、複数の議員が得意げに「自分はあれも見てきた、あそこまで行った」と話している声が耳に入る。彼らは視察者ではない、歩行者の邪魔をした野次馬である。

次に、新幹線の新神戸駅附近の生田川の橋の上で、屈強な男達が、被災者に水を配っていた。ビニール袋に入れた水を人々に手渡している。飲み水は貴重だ。ありがたがられていた。その男達の風体をよく見れば、明らかに極道だ。

そして、彼らからは、終戦直後の警察も無力となった荒れに荒れた神戸の治安を実力で維持して、神戸の堅気を守った先輩の事績を受け継いでいる誇りが漂っていた。

忘れ得ぬ情景だった。

さて、二十年前の情景の回顧はこのくらいにして、これからこの大災害の中で思ったことと、大災害の教訓について述べる。

1、「国防は最大の福祉である」

被災地のなかで、この言葉が浮かび、以後、私の政治信条となった。

この状況の中で、まず第一の優先課題は何か。

それは、国民の命を救い国民を守ることだ。

そして、これを実施できる組織は、自己完結的組織である軍隊（自衛隊）しかない。軍隊（自衛隊）は組織内に、道路を造り、橋を造る部隊を持ち、道なき道を走る車両を保有し、病人を治療し、食事を作って提供できる設備と人員を持つ。警察は、治安維持と犯罪捜査組織であり、その組織内にはこのような部隊や人員を保有していない。

あの現場では、この軍隊の自己完結的組織以外、国民の命を救い守ることはできなかった。福祉とは、国民の命を救い国民を守ることだ。従って、国防こそ最大の福祉である。

しかし、被災地への自衛隊部隊出動は、地震発災から四時間以上も経過した後だった。

2、「我が国は地形上、陸路の救出救援ルートよりも、海からの救援救出が有効である」

阪神淡路大震災の現場は、陸路は瓦礫でところどころ閉ざされていた。道路は車で大渋滞してスムーズな通行は困難であった。

従って、陸上自衛隊は海兵隊的な装備を持つべきであり、海上自衛隊は強襲揚陸艦を装備しなければならない。

事実、伊勢湾台風（昭和三十四年）の時も三年十ヶ月前の東日本大震災の時も、海に艦艇が集結して、海からの救助・補給活動がなされた。

それ故、アメリカ軍は伊勢湾台風の時にはヘリ空母を伊勢湾に入れ、阪神淡路の時は空母インディペンデンスを大阪湾に入れ、救出と物資供給をすると村山内閣に申し出た。

アメリカ軍が空母インディペンデンスの大阪湾への派遣を申し出ても村山富市《むらやまとみいち》総理は拒絶した。更に海上自衛隊の艦艇が救助のために神戸港に入ろうとするのを、神戸市長も、村山富市総理も拒絶した。

3、「アホな大将、敵（地震）より恐い」

村山富市は、自分が自衛隊の最高指揮権を持っており、自分が自衛隊の出動を命じて国民の命を救わねばならない立場にあることを知らなかった。

彼は自衛隊の最高指揮官にして反自衛隊の社会党党首であった。こんな奴、無茶苦茶ではないか。

そのため、自衛隊の被災地での救助救援活動の開始は、異常に遅れた。この村山が総理でなければ、助かったであろう人が何人いたのか！

以上の通り、アホな大将、敵（地震・火事・台風）より恐い。これほど貴重な教訓はない。しかし、我が国は、三年十ヶ月前の東日本大震災の時にも、この教訓を生かせなかった。この時も、くるくるパーが総理だった。

いざとなれば、村山富市とか、このくるくるパーよりも、生田川の橋の上で水を配っていた男達の方が人様の役に立つ。

4、「馬鹿馬鹿しい話」

村山富市総理の地震に関して初動が遅れたことへの公式な言い訳、「なにぶん、初めてのことで、朝も早かったものですから」は皆知っているので省く。

大地震直後のある時、ニュースを見ていると、神戸市灘区の皇子陸上競技場グランドに陸上自衛隊の大型ヘリCH47チヌークが着陸し、村山富市総理が降り立った。そして乗用車に乗りパトカー先導で大勢のマスコミ車両を従えて被災地視察に出発し、崩れたビルを廻って、その前でこりゃ大変と深刻そうに眺めていた。

問題は、村山総理の次にCH47から降りてきた人物である。化粧をせずにやつれていたが、どう見ても土井たか子衆議院議長としか見えないおばちゃんであった。

以下は、私との国会での質疑。

(問) 総理はCH47で現地を視察した、これは分かる。

次に、衆議院議長は、何故、どういう立場で、総理の視察に同行していたのか。

(答) 私の随行員としての立場で同行した。

(問) 三権分立の原則を知らんのか。総理大臣の随行員に衆議委員議長がなれるのか。

（答）ナシ

（問）皇子陸上競技場の横には皇子体育館があって遺体安置所になっている。

何故、総理と衆議院議長は、そこに手を合わせ慰霊しようとはしなかったのか。

（答）ナシ

（但し、質問の直後、衆議院議長よりこの部分の質問を議事録から削除するよう要請があった。当然、拒絶。思うに土井さんは、自分の選挙区である西宮の犠牲者もおられる遺体安置所を無視したということが記録に残るのがいやだったのだろう）

それから十年以上後、夜、赤坂を歩いていると、土井たか子さんではないかと思われるしわだらけの痩せた背の高いおばあちゃんとすれ違う。しばらく行って、やはりあれは土井たか子さんではないか、と思い振り返ると、向こうのおばあちゃんも振り返って、じーっと私を見ていた。その様子、凄まじかった。

以上、登場した人物は、いわゆる社会党的考えの者達である。

その共通項は、「人権・平和・福祉」そして「憲法九条信仰」である。

しかし、二十年前の危機において明らかなことは、彼らこそ人権も平和も福祉も守ることはできなかったということである。

そして、三年十ヶ月前の危機においても、このことは再度確認されている。

また、北朝鮮に拉致された同胞の救出問題において、彼らの偽善性は徹底的に暴露された。平素、人権・平和・福祉を叫んでいた彼らこそ、北朝鮮に拉致された同胞の人権・平和・福祉に関して冷淡な無視を決め込み、反対に犯人である北朝鮮との友好を重視していたことが明らかになったからである。

最後にまた繰り返す。

二十年前の神戸の惨憺たる被災地のなかで、私が実感したものは、

「国防は最大の福祉である」

再び、自衛隊諸君の心情について

平成27年2月10日

シャドーボクシングという言葉がある。

これは、面前に相手がいることを想定して、実戦のようにパンチを出し、防御しながら体を鍛える訓練法である。

平時に、事態を想定して訓練を積んでおかなければ、いざという時に体は動かない。いざという時に体が動くのは、平時に事態を想定して訓練しているからだ。


私の高校の恩師に、帝国陸軍将校の卵で終戦を迎えた山歩きが好きな酒飲みがいた。卒業してかなり経てから、二人で山の話をして歩いていると、突然、彼が言う。

「西村、あの右手の斜面から敵小隊が一斉掃射してきたら、どう展開する？」

しばらくしてまた言う。

「俺なあ、山歩いていても、いつもそんなことばっかり考えてしまうんや。それで俺はいつまでたってもアホやなぁと笑うんや」

そう言って苦笑いしながら、酒を飲めば、彼はまた、同じ先輩戦友の話をして、突然、

「仇をとりたい」と涙を流した。

私も、軍事訓練ではないが、そのころ山登りに熱中していて、岩を見ればよじ登るルートを考え、ビルを見れば、あのビルはああすれば登れるなぁと何時も考えていた。

その上で、時々、岩山に登っていた。その時は、指三本が岩の縁に引っかかれば、しばらくは体を宙づりにして支えることができた。

また、足場が崩れてザイル一本で宙づりになり、百メートル下に小川が流れているのを見て、他人事のように「落ちれば死ぬなぁ」と思ったことが今も忘れられない。

この恩師のことや私の体験を振り返り、思うのは、訓練を続ける自衛隊員諸君のことである。彼らは、

「危険を顧みず任務を遂行し、以て、国民の負託に応える」

つまり「任務遂行のためには死も覚悟する」と宣誓して自衛官に任官し訓練に入っている。

その訓練は厳しい。

任官して六ヶ月の教育期間で大学四年間の本格的な運動部に在籍したのと同じ運動量をこなす。

では彼らは、どういう思いで、如何なる訓練をしていると思われるか。

口蹄疫病の牛の死体を埋める訓練か。薬剤散布の訓練か。鶏の死体回収の訓練か。

違う！

国家を護り国民同胞を護るための訓練である。

では、そのために、如何なる事態を想定して訓練をしているのか。

それは、北海道および南方島嶼《とうしょ》へ侵攻した敵の撃破、都市部に潜入した敵のゲリラ・コマンドの撃破、そして、アルジェリアのイナメナス、シリア・イラクの「ＩＳ（イスラム国）」さらに北朝鮮等々の邦人救出を想定した訓練である。

前の時事通信で習志野の特殊作戦群に触れたが、彼らは明らかにイナメナスやシリアの、我々が見た、むざむざ邦人が殺されていく事態を想定して、その事態から邦人を救出する訓練をしている。

我々の想像を絶することだが、彼らはまさにその「想像を絶する事態」を想定して同胞を救出する訓練をしている。

二年前のイナメナスの時も、この度のシリアの「ＩＳ（イスラム国）」の時も、彼らは、最高指揮官から、何時「命令」があっても即応するために、じっと待機していたはずだ。

彼らは、至高の練度、至烈の闘魂を持つ連中である。想定した訓練を現実に実践することができる連中である。

従って、私は前回の時事通信で、心から彼らに、ありがとう、と言ったのだ。

二年前のイナメナスのテロに際して、私は予算委員会で安倍総理に、イナメナスの邦人救出のことは考えなかったのかと尋ねた。

総理は我が国には、その能力がない、と答えたので、私は静かに総理に言った。我が国には能力がある。彼らは、宣誓の上、想像を絶する訓練をしている、貴方は彼らの最高指揮官である。貴方が命令すれば、彼らは救出に行く、と。

最高指揮官、安倍総理、イナメナスの「痛恨の思い」を持続して、この度の「IS（イスラム国）」に対処していたのであろうか。最高指揮官は、喉元過ぎれば熱さを忘れることはできない立場である。

私には、特殊作戦群の諸君の歯ぎしりが聞こえる。

彼らに言う、自衛隊のコントロールの中枢を占拠する「自民と公明の政治構造とレベル」、即ち、「惨めな戦後体制」を、直近の総選挙で崩せなくて申し訳ない、と。

災害とは緊急事態のことである

平成26年10月1日

昨日の時事通信で、災害救助組織の指揮命令系統に触れた。

何故なら総理大臣こそ、この箇所に関心を持つべきところ、二十九日の総理の所信表明演説においては、現在進行中の御岳山噴火と八月の広島市大土石流の被害者にお見舞いの意を述べて、二月の大雪害にコメントしながら、根本の「如何にして国民を救助するか」に関しては、ただ、雪で動けなくなって救助活動の邪魔になる車両を撤去できるように法を改正すると述べるに留まったからである。

総理が、あの中共や韓国と首脳会談をしたいと述べ、徴兵制は憲法違反と答弁した（三十日）ことと併せて、情けない。

中共や韓国と、首脳会談をしたいなどと国会の所信表明で述べるのは不可である。相手と、同じように述べるべきだ。つまり、「まず、中韓両国首脳は、誤った歴史認識を改め、日本を侮辱することを止めるべきだ」と。

また、我が国は、徴兵制を実施できるのだ。総理大臣は、国家防衛の責務を負っている。そして、国家防衛の主体は国民である。国家の防衛に無関心な国民を擁する国は滅びる。

国民は国家防衛の義務を負う。従って国家は、その国民を国防に動員できる。事実、我が国の周辺諸国、台湾、中共、韓国、北朝鮮そしてロシアは徴兵制を実施しており、アメリカやヨーロッパ諸国も、戦時には徴兵制に移行できる。

しかるに我が国だけ、総理大臣が「徴兵制は憲法違反だ」とは何だ！

確かにかつて最高裁は、兵役は「その意に反する苦役」だとした。馬鹿判決である。そうだからといって、安倍総理大臣も、国防のために訓練を続けている自衛隊員は、「その意に反する苦役」に従事しているとでも思っているのか！

総理大臣は、国家防衛の最高責任者としての自覚を持って、官僚の耳打ちする誤った条文解釈に安易に追随して、この度のような国を滅ぼす間違った答弁をしてはならない。

そこで、雪で動けなくなった車をどけて救出作業ができるように法改正するとは、そもそも総理が、所信表明で言うべき次元のことか。これこそ、官僚に任せてよい次元ではないか。車のみならず邪魔になる自転車や耕耘機や邪魔になる家も人命救助のために必要ならどけてもよい。

以上、前置きが長くなったが、次に昨日の時事通信の続きを述べる。

災害とは緊急事態のことである。

従って、総理大臣がまず自覚すべきは、「平時の法制」と「緊急事態の法制」は違うということである。

平時と緊急時は違う。平時と違うから緊急時なのだ、これは当たり前ではないか。

我が国の日本国憲法と称する文書は、平時だけを想定し緊急事態を想定していないのだが、だからといって、国民の命を守る責務のある総理大臣が、我が国には緊急事態がないのだと思い込んでいてはならない。

では、法制を平時から緊急事態に転換するのは誰か。

それは、内閣総理大臣である。

よって、内閣総理大臣は、平時から自衛隊や警察そして気象庁などの組織から出向したスタッフ（幕僚）を擁し、緊急事態には、彼らスタッフの報告と意見に基づいて、緊急事態宣言をして、如何なるレベルで対処するかを明確に通告しなければならない。

そして、総理の通告したレベルによって、動員する自衛隊の規模や自衛隊と警察と消防の指揮命令系統がピシャリと確定することになる。

このような緊急事態法制が整備されれば、平素から、例えば緊急レベル①、レベル②そしてレベル③の訓練を行うことができて、いざ緊急時には総理の布告に基づき、整然と最も効率的な救助活動が実施されることになる。

八月の広島市の大土石流の時も、現在の御嶽山噴火においても、救援に入った警察、消防そして自衛隊は、統一した指揮の下に救出・救援活動を実施しているのかどうか、私には分からない。

総理大臣は、所信表明冒頭で、これらの大災害に触れた以上、「緊急事態対処法制の整備が緊急を要する」ことを自覚し、現場の経験を生かしてこれを実現すべきである。

既に書いたが、我が国土は今、天変地異のなかにあるのだから、この先、何が起こるか分からない。まさに緊急を要することではないか。

また、この緊急事態法制の整備は、災害に対処することだけではなく、社会の争乱状態に対処する法整備と不可分一体のものである。

そして、これは、「戦後政治」が、見て見ぬふりをして封印してきたこと、即ち戒厳令のことである。

安倍総理が掲げた「日本を取り戻す」とは、緊急事態を克服できる日本を取り戻すことであり、安倍総理は、この度の天変地異から、戒厳令を視野に入れた国家緊急事態法制の整備に進むべきである。

第四章

歴史に「解決」はない

政治の理念

平成24年11月7日

　このごろ、日本列島の東と西で、政治の理念が分からん者たちが、リネン、リネンと言っている。

　曰く、西（維新の会）では「リネンが合うことが必要」、そして、東（自民党幹事長）では「リネンが合わなければ野合」と。

　そこで、「日本人は情の民族である」という前提のなかで、「政治の理念」に関して書いておきたい。

　我が国において、「情」と「政治の理念」は不可分一体である。「情」と一体でない「理念」はあり得ない。

　では、我が国の政治における情とは何か。それは、祖国への愛である。祖国への憧憬であり、祖国の歴史と伝統との一体感である。

　今、私は「我が国において」、また、「我が国の政治における」と書いていることにご注意いただきたい。

　つまり今、私は我が日本について書いているのであり、中華人民共和国や朝鮮人民共和国やアメリカ合衆国と共通のことを論じているのではない。

即ち、我が国における理念を、「マルクスレーニン主義、毛沢東《もうたくとう》思想、鄧小平《とうしょうへい》理論および三つの代表の重要思想に導かれて」（中華人民共和国憲法前文）や「人民民主独裁を堅持し」（同）や「永生不滅の主体思想」（北朝鮮）や「自由と平等」（アメリカ）と同じように論じようとしているのではない。

これらは、彼らの「歴史性のない」いわゆる理念である。

我らの理念は、「歴史と密接不可分」であることを深く自覚せねばならない。

歴史と密接不可分とは、日本の個性と不可分ということである。即ち、我が国の国體《こくたい》と不可分ということである。

ところで彼らの理念が、普遍的だと思ってはならない。

二十世紀の人類の蒙《こうむ》った惨害は、彼らの理念、例えばマルクスレーニン主義や毛沢東思想が普遍的と錯覚したことから始まった。そして、彼らの理念は今も彼らの国民に重大な悲劇をもたらしている。

またアメリカやフランスやヨーロッパ諸国の、「自由と平等」が普遍的だという論者もいるだろう。しかし、彼らにはそれを普遍的という資格はないのだ。

何故なら、彼らはこの理念を掲げながら、インディアンをはじめとする多くの先住民を動物のように殺戮して滅ぼし、二十世紀に我が国がそれを打ち破るまで、アジア・アフリカの住民に自由と平等を与えない植民地搾取を長年にわたって当然としてきたからである。

従って、我々日本人は、堂々と「我が国の個性に基づく情と一体となった理念」を自覚し確認するべきである。

よって、我が国において、「理念が一致する」とは、我が国への愛、我が国への憧憬、我が国の歴史と伝統との一体感、即ち万世一系の天皇を戴く我が国の国體に対する尊崇の念における一致に他ならない。

ここにおける一致があれば、後は技術的問題に過ぎないのだ。

大阪の論者が朝から晩まで言っている地方分権だとか、官僚機構の無駄とか中央官僚の横暴の是正だとかは、「これからやればいい問題」と位置づけられるのである。

更に注意を喚起しておきたいのが、政治における一致とは、抽象的な学術的な一致ではないということだ。東と西で、理念を強調している論者が何をもって理念の一致、不一致と言っているのか分からないが、政治における一致とは、具体的な戦略戦術の一致でなければならない。

それは例えば、以下の具体的課題に関する一致である。
尖閣を如何にして護り、確保するのか。
北朝鮮に拉致された国民を如何にして救出するのか。
中国共産党を如何にして打倒するのか。
竹島、北方領土を如何にして奪還するのか。
デフレを如何にして克服するのか。
以上の課題に関する覚悟のない政治協議、論議は、無意味だ。

尖閣と拉致が暴露したもの

平成24年10月18日

この度、東日本被災地復興予算の驚くべき流用が明らかになった。予算の執行は、政府与党の専権である。従って、その流用の責任は政府与党にある。しかるに、前原《まえはら》という者が、流用の責任転嫁の屁理屈を恥ずかしげもなく述べたという。そして、この同じ者が、この秋の尖閣周辺領海内への、中共の公船による侵入と中国国内で盛り上がる反日デモや反日暴動という事態が発生した責任は、「はじめに尖閣を買収すると公表した石原慎太郎《いしはらしんたろう》東京都知事にある」と述べた。

錯乱し、脳乱したというほかない。

予想されたとはいうものの、その無能と卑屈な対中屈服に愕然とする。

尖閣防衛と拉致被害者救出は、東アジアは既に動乱期に入っていることを示している。その当事者であるにもかかわらず、日本だけが安全カプセルの中に入っているかのように錯覚して尖閣と拉致を直視しない者に限って風に乗る。直視している者は、過激とか右翼とか言われる。

この間違った風潮を利用し助長して、「生活第一」のスローガンで政権にありついたのが彼ら、民主党内の野田《のだ》、前原そして某また某の、松下政経塾グループだ。

そして、このカプセル内のひ弱なのが政権に入ったのを、攻勢を強めるチャンスと見たのが中共だ。それで尖閣に圧力をかけてきた。

三月に中共は、政府の船を尖閣領海内に侵入させて、「日本の実効支配を打破するために定期的に侵入する」と言った。

つまり、「実力で尖閣を奪う」、即ち「戦争も辞さず」と言ったのだ。これ、既に匪賊《ひぞく》である。

しかしながら、この時、総理の野田は、「消費税に命を懸ける」だけ。

ここにおいて石原東京都知事が、国が何もしないなら東京都で尖閣を購入すると思い余って決断した。

それを国民が支持した。国民は、尖閣を断固として守ることを支持したのだ。

しかし、日本国民に尖閣を守られては、匪賊強盗の仕事がし難い。匪賊は反日プロパガンダを煽《あお》り、いつまでも共産党の道具として使うために無知蒙昧《むちもうまい》な儘《まま》に止め置いている群集を使嗾《しそう》して反日デモを繰り返させた。

この共産匪賊特有の戦法に、尻尾を股の間に入れた犬のように慄《おのの》いて錯乱、脳乱したのが民主党の野田、前原の松下政経塾コンビだ。

この責任が、百パーセント我が国固有の領土を強奪すると喚《わめ》いた共産匪賊にあるという、子供でも分かることが分からず、こともあろうに、領土を守ろうとした石原さんと、それを支持した日本国民に責任を転嫁するとは、開いた口が塞がらない。

この政経塾コンビは、尖閣購入に関して石原知事と会談したとき、知事が「戦争も辞さず」と言ったので仰天して国有化をせざるを得なかった、と言う。

〇〇も休み休み言え。

共産匪賊は、既に三月、尖閣を強奪すると公言しているではないか。これが、「戦争も辞さず」という意味であると理解できなかったのか。

民主党は、「日本は日本人だけのものではない」とか、「東シナ海を友愛の海にする」とか、「東アジア共同体」とか言った「ルーピー」と世界で呼ばれた未熟児を恥ずかしげもなく総理に出した。

しかし、中共が「戦争も辞さず」と言っている時には意味が分からず、石原知事が言ったときにびっくり仰天するこの政経塾コンビは、ルーピーを通り越して既に痴呆だ。

かつて十年前、十三歳で北朝鮮に拉致された自分の娘が死亡したと小泉《こいずみ》内閣に告げられた母、横田早紀江《よこたさきえ》さんは、その三十分後の悲嘆のなかの記者会見で、「（拉致は）日本の大変な問題であることを暴露しました」と言われた。

この暴露という言葉は、予言のごとく今甦っている。

尖閣と拉致、国土と国民救出は、戦後憲法体制の矛盾を暴露し、その中で抜け目なく泳いでいる者たちの、偽善、臆病、卑怯、無能、無責任、無益、そして有害性を暴露している。よって、ここまで暴露されたなかで行われる次の衆議院総選挙には、我が国の亡国か再生かの運命がかかっている。

我が国の抱きしめたくなるほどいとおしい固有の領土である尖閣は、あらゆる犠牲を払ってでも守り、我らの同胞《はらから》は、あらゆる力を行使しても絶対に救出し、父母兄弟姉妹の家族は抱きしめねばならない。

近いうちに、これを断行する祖国を再興しよう。

戦後からの脱却とは何か

平成27年1月28日

日本国民に対して、「戦後からの脱却」また「日本を取り戻す」という標語を掲げて総選挙でアピールした総理大臣および諸侯に問う。

それは何か、と。

それは、

1、「IS（イスラム国）」からの恫喝、即ち、テロに屈せず対処することである。

2、北朝鮮に拉致された同胞を取り戻すことである。

3、中共と韓国朝鮮の、捏造した歴史を道具とする対日心理戦・宣伝戦に正々堂々と勝利することである。

4、大東亜共同宣言の世界史的意義を顕彰することである。

5、三百万英霊を顕彰し、アジアの山野に残された英霊御遺骨の祖国帰還を実施することである。

6、昭和二十年九月二日の降伏文書調印から同二十七年四月二十八日までの被占領期間中に、我が国から奪われた権威と権限と詔勅と法規範と組織制度を取り戻すことで

ある。その取り戻すべきもの、即ち、奪われたものとは、
①天皇の権威および大権
②帝国陸海軍
③大日本帝国憲法および教育勅語
④我が国の歴史と名誉
⑤戦犯および法務死者の名誉
⑥言論と教育　　等々

以上、思い浮かぶままに列挙したが、
冒頭に記した「ＩＳ（イスラム国）」のテロこそ、突如テロリストが突き付けてきた「戦後憲法体制の虚構」を全国民に示すものであり、我が国に対して、一刻の猶予なき「戦後からの脱却」を促すものである。
この事態は、平時法制で対処する事態ではない。国家が持つ司法権（最高裁判所）と立法権（国会）以外は何でもできる内閣総理大臣（内閣）の最高指揮権原内にある。
三十八年前のダッカ日航機ハイジャック事件の際の福田赳夫《ふくだたけお》的対応に逃げ込まない限り、総理大臣は何でもできる。

最高指揮官の「命令があれば、行きます」（何処へでも！）という高い練度と闘魂を持った部隊もある。その決断を全面的に支持する。

現在、戦時法制的な表現をすれば、「捕虜交換交渉」の段階にある。

しかし、また苦言を呈する。

テロリストは、既に日本人一人を殺した上で、「捕虜交換」に要求を切り替えてきているのだ。この同胞殺害を見て見ぬふりをしていてどうする！

よって、総理大臣および関係閣僚は、テロリストに対して、殺害の以前と同じ「卑劣で許せない」という表現を、殺害されてからも相変わらず繰り返すのではなく（二十八日現在も繰り返している）、日本人を殺害したことへの日本と日本国民の強烈な怒りを、砂漠の民に分かるように強烈にコメントしなければならない。

「日本は、同胞を殺害した者への復讐を決して忘れない。

覚えておれ、天地神明に誓って、日本はお前を地の果てまで追いかけてゆく」

無法に同胞を殺された日本と日本人の怒りを、テロリストへも同盟国にも、中共や朝鮮にも見せつけてやろうではないか。

現在に至っても、総理大臣と閣僚から、同胞殺害に対して強烈な発信が出ないということは、現在の我々が、仇討ちを美談として鎌倉期の曾我《そが》兄弟の仇討ちや江戸期の忠臣蔵を伝えてきた国民の歴史を、ＧＨＱの思惑通り奪われたままになっている証左だということである。

奪われた歴史に関してと、外務省が無関心を装う世界が驚く義挙に関して記しておく。

1、現在、我が国を加害者として朝から晩まで非難している中共に関して。

十九世紀から二十世紀の中国大陸は、全土が複数の「ＩＳ（イスラム国）」がそれぞれ支配する「暴力と無秩序」の大陸だった。支那では、古来、今も、「好い人間は兵隊にならない」と言われている。つまり、悪い強盗匪族の類が兵隊になった。従って、古来、支那の民衆はその匪族・兵隊の暴行掠奪殺戮の被害者だった。二十世紀になっても同じだった。

そして昭和に入り、そのような支那の兵隊に、日本の多くの婦女子を含む民間人数百人が残虐で猟奇的な方法で殺害され、その凄惨な現場に死体は放置された（通州事件《つうしゅうじけん》・昭和十二年）。

これは、現在の「ＩＳ（イスラム国）」の残虐性を遥かに超える所業であった。このような言語を絶する被害を日本国民は支那の匪族（兵隊）から受け続けたのである。

また、シナ事変後に敵地に不時着陸した日本軍パイロットは、支那の兵隊からどういう処遇を受けたのか。

匪族は、まず操縦桿を握れないようにパイロットの十本の指を全て切り落とす。次に棺桶のような箱に入れて動けないようにして殺さずに、死に勝る苦しみを与え続ける。

捕まったパイロットの願いは、ただ友軍機がここを爆撃して自分が確実に死んで苦痛と屈辱から解放されることだった。友軍パイロットは、そのことを知っていて、仲間の所在を確認すればドンピシャリそこを爆撃して彼を苦痛と屈辱から解放した。

私の叔父は、陸軍航空隊のシナ事変当時に既にベテランパイロットだったから、戦った相手が如何に残虐無比の人種だったか、よく知っていた。

現在、世界も我々も、「ＩＳ（イスラム国）」の残虐性に驚いている。

しかし、七十年以上前に、我々の祖父母は、中国大陸で「ＩＳ（イスラム国）」以上の暴力と無秩序のなかで、想像を絶する残虐な所業を平気でする匪族と遭遇し、多くはその餌食になったのだ。支那人の残虐性は「ＩＳ（イスラム国）」の比ではない。

「ＩＳ（イスラム国）」に捕まったレバノンのパイロットは無傷ではないか。支那ではあり得ない。「ＩＳ（イスラム国）」が、現在我々に与える残虐な衝撃から、七十年以上前に、支那人が日本人になした、「ＩＳ（イスラム国）」を遥かに超える残虐無道の所業の記憶を甦らせようではないか。

その「ＩＳ（イスラム国）」より残虐な相手は、本年、無力で善良な被害者面をして、対日非難攻勢を世界的に展開するために各国首脳を招いて大軍事パレードを実施する準備をしているのだから。

2、レバノンに「中山《なかやま》氏が特使として留まっている」と報道された。

私のある友人は、つい最近まで、その「中山氏」が参議院議員の「中山恭子《なかやまきょうこ》さん」だと思い込んで、「やはり安倍総理だ」と感心し「中山氏」に期待していたという。しかし、「中山氏」は「中山恭子さん」ではなかった。そこで、この際、私の友人が、何故、「中山恭子さんがレバノンにいるのだ」と期待したか、その訳を書いておこう。

一九九九（平成十一）年八月、キルギスで四人の日本人鉱山技師を含む七名が、イスラム過激派に誘拐された。当時、この地域の担当大使は、カザフスタン特命全権大使の中山恭子氏だった。

この誘拐された日本人を如何にして救出するか、この緊急事態に対する東京からの中山大使に対する外務省の訓電は「犯行現場はキルギスだから、キルギス政府に全て任せよ」であった。

つまり、この地域の担当大使は何もするな、というのが外務省の指示であった。

以下、如何にして、中山恭子大使が四人の日本人を救出したかを述べる。

まず、中山大使は、外務省の訓電どおりキルギス政府に任せておれば日本人は殺されると判断した。

そこで、外務省の訓電を無視して中山大使自ら、誘拐犯の過激派の頭目に会いに行くことを決断。そして、女性通訳と二人だけで過激派の頭目に会いに行った。道案内人達は、途中で恐くなって逃げたという。そして、自動小銃を持った子分どもが取り囲むなかで頭目に会う。頭目は驚く。女一人が女の通訳を連れて武器も持たずに会いに来たと。

話の末に頭目は、中山大使の願い通り人質を解放することを承諾し、「護衛」を付けて人質と共に市街地に送り届けてくれた。

先年、私は、次の二つのことを中山恭子先生に質問した。

「もし先生が、外務省の訓電通り、キルギス政府に人質全て任せていたら人質はどうなりましたか」

答、「全員殺されていました」

「もし先生が、過激派の頭目に会って、要求が聞き入れられずに会見が物別れになったら、どうなってました。」

答、「私、殺されていました」

世界中の国々で、自国民を救うために単身、殺されるのを覚悟して、過激派の頭目に会いに行って、頭目を説得して人質を連れ帰ってきた大使など、中山恭子先生以外にいない。日本が誇りとすべき勇気を示した日本外交の世界的快挙だ。

しかし、外務省は、自らの訓電通りしなかったという訳かどうか知らないが、この快挙を無視している。

何たる偏狭な官僚組織か。

そして現在。

この外務省が、北朝鮮による拉致された日本人救出問題も、「ＩＳ（イスラム国）」からの脅迫問題も、担当し、この外務省が、最高指揮官の安倍総理を取り囲み、外務省の誘導通り総理の判断を引き出そうとしている。

しかし、この外務省の、訓電通りに中山恭子大使がしておれば、キルギスで拉致された日本人は全員死んでいたのだ。

このことを国民は知っておくべきだ。

戦後七十年に正々堂々と立ち向かおう！

平成26年10月10日

サイパンとテニアンから帰った直後の八日、韓国検察は産経新聞のソウル支局長を、韓国大統領を被害者とする名誉毀損で起訴したのだった。

この起訴は明らかに、感覚が李氏朝鮮の女帝と化した朴槿恵《パククネ》大統領のグロテスクな意向に基づくものである。

即ち、韓国は法治国家ではないのである。北朝鮮と同じだ。拉致被害者救出運動の中で、誰からともなく言われていた言葉を思い出す。それは、

「気をつけろ、北も南も、皆、朝鮮」

韓国（南）は、産経新聞の記事の母体となった自国の朝鮮日報を、名誉毀損で起訴する気配もない。まして、ニューヨーク・タイムズやワシントン・ポストやウォール・ストリート・ジャーナルや人民日報が、産経新聞と同じことを書いたか書いていないか知らないが、例え書いたとしても、起訴するはずもない。

そして北の北朝鮮は、十二年前に平壌共同宣言で、「ミサイルは撃たない」、「核実験はしない」と我が国に約束しながら、ミサイルは撃ちまくり核実験は続けている。

更に、本年、拉致被害者の再調査を行い、その結果を報告すると我が国に約束しても、じらしにじらして、「報告にはあと一年かかる」と言い放ち、「平壌に来たらもう少し教えてやる」とヌケヌケと言い放つ。仮に北朝鮮がアメリカ国民を多数拉致していたとして、アメリカにこんなことを言ったら、ただで済まないことは知っている。だから、アメリカに対しては、こういう態度はとらない。

まったく、これら南と北は、我が国に対して全く同じ態度をとっている。南と北は、ともに我が国を見くびり馬鹿にしているのだ。日本には何をしても、何を言っても、怖くないと南も北も我が国をなめてかかっている。

では、北と南に、そろって我が国に対してこういう態度をとらせる要因は何か。

その要因の第一は、

憲法九条を持つ日本国憲法に縛られている日本には、何をしても何を言っても怖くないということである。

だから、北朝鮮は、日本人拉致を継続し、その解放を平気で拒否し、平気で約束を破り、核実験とミサイルを撃ち上げる。

韓国は、平気で日本領土の竹島に兵隊を上陸させ、この度、産経新聞の報道の自由を蹂躙する挙に出たのだ。

その要因の第二は、

日本は悪いことをした国であり、それは、連合軍が日本を悪の国として裁いた東京裁判によって確定している（東京裁判史観）。日本は韓国朝鮮に謝罪し続けなければならない、道徳的にも倫理的にも下位の国である、という認識である。

それ故、彼らは平気で日本に対して、常に繰り返し謝罪を求め、臆面もなく金をせびる。

そこで、これら北と南の朝鮮の態度の要因を裏付ける展示が、サイパンのアスリート空港にあったのを思い出すのだ。

アスリート空港の廊下に、アスリート空港の歴史が写真と共に展示されていた。

まず日本人によるサイパンの開拓、アスリート空港の設置、そして昭和八年に天皇陛下がご臨席された帝国海軍特別大演習の各写真と説明があった。

次に、日本の邪悪な戦争と昭和十九年のアメリカ軍のサイパン制圧とアスリート空港の拡張、そしてカーチス・ルメイ准将による、サイパンやテニアンから発進したＢ29の日本本土大空襲の写真が、勧善懲悪の英雄物語のように展示されていた。

しかもこの展示には、Ｂ29によって、頭上に二発の原子爆弾を落とされ、五万トンの焼夷弾を落とされて犠牲となった無量の日本人を悼む心は、これっぽっちもない。

以上の、南北朝鮮の日本をなめきった攻勢とサイパンの空港における展示を総合して、改めて思う。

我ら日本人が事態の根本的な解決のために、何を為さねばならないのか！

それは、戦前と戦後の連続性の回復、つまり歴史の回復、即ち東京裁判史観からの脱却である。

次に、自主憲法の制定である。国土と国民を守ることができる「力」の回復、即ち「国軍の創設」である。

今、南北の朝鮮とその宗主国の中国共産党独裁国家は、対日攻勢を更に強化するために、坦々と当然のように、来年の対日戦争勝利七十周年を、国際的イベント実施をもって利用しようと準備している。これは、つまり、武力に依らない対日戦争の継続である。

従って、我々は、来年の終戦七十周年に向けて、積極的攻勢に打って出て、正々堂々と、村山富市総理大臣談話や河野洋平《こうのようへい》官房長官談話を捨て去り、誇りある日本の本来の歴史認識を表明し、自衛隊を国軍に再編し、自主独立の国家としての日本をアジアに出現させせなければならない。

そして、この明治維新に匹敵する転換を為すことが、我が日本の歴史的使命であるアジアの平和と安定と繁栄を確保する大道であることを自覚しよう。

歴史と伝統と英霊のご加護を受けて、必ず成せると信じている。

祖父を見習うべし、外圧は待ったなしに来る

平成24年12月27日

昨日二十六日、安倍政権が発足した。

衆議院における首班指名は、次の通り、自民公明の総選挙圧勝を示していたが、政界の構造が、「生活第一」から「危機克服」に変化したことも示している。

一位、安倍晋三君　三百二十八票（今回の総選挙の風を表す）

二位、海江田《かいえだ》万里《ばんり》君　五十七票（前回の風の終焉を表す）

三位、石原慎太郎君　五十四票（危機克服を願う民意を表す）

以上の通り、一位と二位の票数は、ともに「風」を表しているが、第三位こそは、風ではなく、来るべき平成二十五年の危機とその克服を願う国民の国家に対する熱い思いを表したものだ。

安倍内閣は、来年の参議院選挙までは、「経済のこと」つまり「デフレからの脱却」に専念するシフトだ。そして、その滑り出しは上々といえる。

私も、十日前の総選挙中には、「国防（尖閣防衛）」と「拉致被害者救出」と「デフレか

らの脱却」の三大課題を政治の責務だと訴えていた。

この安倍内閣の方針によって、株価は上昇し円安に振れている。従って国民は、ここ数年間なかった爽快な気分で新年を迎えることができる。つまり、「あの民主党内閣が消え去って清々した」という思いだ。

総理大臣の野田氏の唯一の業績は、こういう久しぶりの清々した思いを国民が味わって新年を迎えられるようにしたことだ。

ところで、安倍晋三という人物について書いておく。

彼は、政治家として苦難に耐える訓練を経る暇もなく、幸運に恵まれ続ける男であるといえる。

まことに、長州という維新以来の郷里の恩寵と、そこで育まれた政治家達を祖父、大叔父そして父に持つ。そして、この度掲げたデフレからの脱却は、国民の気分を明るくして、総理大臣として国民の期待を受けて新年を迎え颯爽と新政権の舵を取る。

この安倍新内閣が掲げるデフレからの脱却は、望むところで異議はない。賛同する。

しかし、懸念がある。

それは、参議院の選挙まで内閣は「経済に専念」するということだ。

あたかも、安倍さんの祖父の岸内閣による混乱をものともしない断固とした日米安全保障条約改定後に政権を担った池田勇人《いけだはやと》内閣が、「低姿勢」と「所得倍増への経済専念」を打ち出して世間をなだめたのを思い出す。

しかしこの時、池田内閣が、低姿勢とただ経済に専念する路線をとったがために、国防のことを没却した現在の半人前国家を出現させてしまった歴史的教訓を忘れてはならない。岸信介《きしのぶすけ》氏は、満洲国建設の豊富な経験を持つ経済専門家であったが、敢えて自分の専門領域である「経済」ではなく「国防」に政治生命を懸けた、すごい政治家である。しかし、同じ経済専門家（大蔵省出身）である後継者はその心意気を放棄した。これが現在の国防欠落国家に繋がっている。

私が言いたいのは、この度の「経済専念」も池田内閣のようになってはならないということだ。

国際情勢は、もはや、あの頃と違う。その厳しさは、それを許さない。

北朝鮮の統治者におさまった三代目は、民衆の疲弊のなかで大陸間弾道弾を発射し、中共の新しい主席である習近平《しゅうきんぺい》の統治する大陸では、貧富の格差が耐え難いほど広がり、統治機構に巣食う幹部の公金横領と腐敗は常習化し、年間数十万件の暴動が国内で起こっている。その中で、軍備増強だけは続けられているのだ。

その上で、習近平の中共は、我が国の尖閣と沖縄本島（東シナ海）と南鳥島と沖ノ鳥島（西太平洋）を奪わんと、海空から軍事的攻勢をかけてきている。

この大陸側の情勢を概観すると、彼らから見て、我が国が内向きの「低姿勢」で「経済に専念」しておれば、それを、我が国の「隙」とみて、我が国に対して軍を動かす絶好のチャンス到来と把握すること必定である。

彼らは、我が国を敵として軍事的攻勢をかけ、自国人民の共産党に対する恨みの矛先を我が国に転じようという誘惑に駆られている。

これこそ、中国共産党と独裁者の、常套手段なのだ。


苦難をシュミレーションする暇もなく総理になった安倍晋三氏に望むのは、敵は貴兄の「経済専念」という「隙」を衝いてくるということだ。中国大陸の情勢は、斯くの如く深刻である。

祖父の岸信介総理大臣が、敢えて「経済」ではなく「国防」に政治生命を懸けたことを想起されよ。今こそ、具体的に、我が国を防衛するために、軍備増強に踏み出すべき時ではないか。補正予算と二十五年度予算に、「国防という国家存続のための大義」を、断固として反映させねば、彼の我が国に対する軽侮を招き、却って彼の対日侵攻を招き入れる。

また、一九二〇年代から疲弊が続いたアメリカの経済回復が、対日軍事力増強によって達成されたことからも明らかなように、国防への予算の投入は、総需要を喚起しデフレからの脱却の大きな要因となることも付言しておく。

日本は台風（神風）の国であることを忘れるな

平成26年11月5日

本日早朝、南海本線浜寺公園駅前で「朝立ち」した。
その時に、交わした仲間との対話。
「今まで、こんなことなかったのに、おばちゃんが、怒り始めましたで」
「何に怒ってるんや」
「サンゴでんがな、
中国が今度はサンゴ盗りに来たゆうて、
仕事で会ったおばちゃんがえらい怒ってますねん。
尖閣の時は、こんなことなかったと思うけど、
中国にきれいなサンゴが盗られてるとおもたら、
おばちゃん、くやしいて、くやしいて、
西村眞悟もなまぬるい、て言うて怒ってまっせ」
「えらいこっちゃなあ、そのおばちゃん、なんで俺にまで怒るんや、
俺にどうせえて言うねん」

「サンゴ盗みにきた中国の船、はよ皆、沈めんかえ、ちゅーておばちゃん怒ってんですわ。沈めに行かへん西村眞悟はなまぬるい、ちゅうんですわ」

「心配いらん、明日あたり、台風、ドンピシャリ来る。それで何隻か沈むやろ」

八時十五分に、「朝立ち」を終えて、事務所の近くの喫茶店「ゆーかり」にモーニングサービスを食べに入った。

「おばちゃん、おはよう、ご無沙汰してたけど元気？」

「あら、せんせい、元気やった、長い間、顔見えへんかったけど」

「元気や、今朝、駅前で朝立ちした」（「朝立ち」とは朝の通勤者向けに駅等で行う街頭挨拶）

と、いう訳で、今朝は二人のおばちゃんが怒ってた。


そこで本題に入る。

いよいよ我が国も、おばちゃんが怒り始めたのである。

この西村眞悟が、「なまぬるい」と言われ始めたのだ。

これは、何を意味するか。

それは、我が国が、腹の底から、断固として「中国の無法、やりたい放題」を叩き挫《くじ》く限界点が近づいたということである。

それ故、これに呼応して、海に台風が近づきつつあるのだ。

この季節外れの十一月の台風が、ドンピシャリと二百隻以上のイナゴのように群れるサンゴ密漁船がいる、小笠原海域と伊豆諸島海域を目指して北上してきている。

我が日本は、四方を海で囲まれた天変地異の国であり、地震、噴火、台風、津波と何でもある。

古来、我が国に仇なす国々や輩は、海で台風に狙われ海の藻屑となる。つまり、鎌倉武士なら言うだろう。「この度の台風は、神風である」と。

この度も、台風を天の配剤として見守ろう。

明日明後日のことに関して、海上保安庁の巡視船の諸君に対して、敬意をもって次の通り申したい。

連日連夜、多くのイナゴのような中国密漁船相手にご苦労様です。台風下の大荒れの広大な海の中では、二百隻以上を救助対象にするのは不可能である。無理をせずにイナゴから離れていた方が良い。

何故なら、相手は恩を仇で返す性癖を持つ中国の船だから。仮に、命の危険をものともせずに、一隻を救助したとしよう。その時、中国外務省のあの憎たらしい報道官は、一隻の救助を感謝せず、「日本政府は、零細で無力な助けを求めていた中国の多くの漁民を見殺しにした」と世界に向かって発信するからだ。

共産党独裁国家で、国防費に相当する巨額の予算を使って国民を監視している中共から、中共の意向に基づかずに二百隻以上の密漁船が西太平洋に出てくるはずがない。よって、この度の漁船群は、中共政府の意向に沿って我が国の西太平洋の排他的経済水域に出張ってきている。

従って、我が国政府は、警視庁小笠原署に警察官二十八人を増員したなどというチビチビしたことをせずに、この事態を絶好のきっかけと捉えて、東シナ海の尖閣諸島海域から西太平洋の小笠原・伊豆諸島海域において、陸海空統合の自衛隊特別大演習を挙行したらどうか。

私は、尖閣防衛に取り組む際に、何時も相手の意図は何処かと考えてきた。中国の公船の尖閣領海侵犯や中国の漁船の小笠原・伊豆諸島海域での密漁は個別的事象ではなく、総合的に見なければならない。中国は、尖閣という小島や小笠原のサンゴを盗りに来ているのではなく、大陸から尖閣海域を経て西太平洋に至る「線と面」つまり東シナ海と西太平洋という「海域」を奪いに来ている。

そして我が国の南北に細長い国土は、西太平洋にお腹をさらした形で横たわっている。

我が国は、西太平洋を奪われれば、まな板にのったヨウカンを幾つかに切り分けるように何処からでも南北に分断できる。中国は、これを狙っているのだ。

こう見れば、中国が、新潟と名古屋に、広大な敷地を持つ領事館を欲し、仙台市に新しく「中華街」を建設しようとした意図が分かるであろう。

以上の通り、この度の中国漁船の小笠原沖の出現とそれを目指す台風の北進は、我が国の危機を知らせる天の配剤と見なければならない。

よって、この西太平洋上の中国漁船の出現は、我が国の真の防衛体制確立のための、東シナ海と西太平洋におけるアメリカ海空軍を招いた自衛隊の統合特別大演習を挙行する絶好機である。

年末に西郷さんを思ふ

平成26年12月29日

日々、挨拶に廻って本日を迎えている。

毎日、いろいろな方と話をしていて感じたことは、この度の衆議院総選挙は、「何だったんだ」ということだ。

国民の半数が投票していない。つまり、国民に無関心を決め込まれ、無視された選挙である。国民が暗愚だからこうなったのか。国民にこの責任があるのか。そうではないだろう。責任は「戦後政治」に帰す、というしかない。

と、いうことは、「戦後政治からの脱却」と言っていた総理大臣が、最も、戦後政治的解散をしたということだ。安倍総理は、戦後体制の中にいる。従って、戦後体制を完成させた。徳川幕藩体制で言えば、安倍総理は東京で育った徳川幕府の老中であり、反幕府の長州藩下級武士団の中にいるのではない。

また、マスコミは、この度の総選挙をアベノミクスの評価を国民に問う選挙であり、与党圧勝の故に、アベノミクスは信任されたと評論する。

そうであろうか。

アベノミクスは、全国津々浦々の庶民生活の末端で、破綻しているのではないか。共産党は、庶民の不安感や経済的不遇や不平等感をエサとして勢力を伸ばすものだ。

従って、共産党は大躍進したのではないか。

この度の総選挙の勝者は、共産党である。

アベノミクスは成功しているという人士は、この度の共産党の十三議席増加の躍進を如何に説明するのか。

今、この度の総選挙で勝利したのは共産党であると書き、その勝利の理由を、共産党というものは国民の庶民層の不幸をエサにして勢力を伸ばすものだからであると説明した。

もう一つ付け加える。

自民党が勝利したのではない。

公明党が勝利したのだ。

その勝利の理由は、共産党と同じである。

つまり、公明党の支持母体は、共産党と同じ土壌で勢力を伸ばす。総選挙が始まるや、消費税率の食料品などへの特別減税案が提示され、「困窮者」をそれで釣ったのがこの与党であった。

以上が、総選挙が終わってから挨拶廻りの中で感じたことである。

それは、実は、アベノミクスは国民生活の末端で破綻している、ということだ。国際情勢の厳しさを忘れ、国内情勢の把握も不十分な中で、一部与党の利益のためだけに総選挙をして、共産と公明党を勝たせる結果を出した後の事態、つまり、新年は、ただで済むはずがない。

中共は、戦後七十年の対日攻勢を強化する。

そもそも、この中共の攻勢を受けて立てる体制構築の為に、年末のくそ忙しい時に総選挙を挙行したのだと、与党で言える者など総理大臣を含めて一人もいやしない！

そして、これが、まさに危機の実態である！

危機は外にあるのではなく、我が国の内にある。

さて、実は私は何時も「西郷さん」、あの西郷隆盛《さいごうたかもり》という人のことを思っているのだ。

手元には、昭和五十年の八月十六日に購入した「西郷南洲遺訓」（岩波文庫）がある。

私は、この本を鞄に入れて何時も持ち歩いている。そして、この度の総選挙で落選した後、前よりも西郷さんのことがしみじみと分かるようになったような気がする。

今の私は、下野して東京から郷里の薩摩に戻った西郷さんの心境に少しでも近づきたい。

西郷さんは、ある日、終日、犬を駆り兎を追って山野を駆けた。そして夕方に農家の風呂に入れてもらって、悠然と言った。

「君子の心は常に斯くの如くにこそあらんと思ふ」と。

つまり、風呂の中で西郷さんは、

「ええ気持ちやなあ」と月を見上げて言ったのだ。

また言った。

「道を行う者は、固より困厄に逢ふものなれば、如何なる艱難《かんなん》の地に立つとも、ことの成否身の死生抔《など》に、少しも関係せぬもの也」

正々堂々と正しく生きることということには、

「人は道を行ふものゆゑ、道を踏むには、上手もなければ、下手もない」

人を相手にせず、天を相手にせよ
天を相手にして、己を尽くして人をとがめず
我が誠の足らざるを尋ぬべし

歴史に「解決」はない

平成27年2月20日

政府（官房長官）は、安倍総理がこの夏に発表する「戦後七十年談話」に関する「有識者懇談会」の設置を発表した。

東芝の社長を経験した西室泰三《にしむろたいぞう》さんが座長で、「中国と太いパイプを持っている」という。そりゃそうだろう。天下の東芝の社長だったのだ。取引先と太いパイプを持たねばならない。しかしその太いパイプは、「国策」の世界ではなく「商行為」の世界ではないか。

委員には経済界や「中国外交史」が専門の若手研究者や「学識経験者」や財界人やメディア関係者や首相と親交のある人や保守派の中西輝政《なかにしてるまさ》京大名誉教授が選ばれている。

あまり、ええ予感がしない。

消費税増税か否かに関する「有識者懇談会」を思い出す。この懇談会も結局、「政府」の方針通りの増税となって、経済は「今の状態」だ。この懇談会の「増税は否」の意見は極めて説得力があったのに採用されなかった。というより、採用されないように人選が仕組まれていた（政府の「懇談会」とはこういうものだ）。

仮にこの「増税は否」の論が採用されていたならば、今、日本は「明るかった」だろう。

しかし、現状に誰も責任を感じない。

（当たり前だ、政府の「懇談会」とは「誰も責任をとらないため」にある）

では、これから、安倍談話に関して、この「誰も責任をとらない体制」を作った政府は、何をするのか。

消費増税で財務省がやったことをやる。外務省主導か官邸主導かは知らないが、アメリカや中共や韓国のご機嫌を伺い、「安倍談話」の内容の擦り合わせをして、その上で、懇談会委員に「お集まりいただいて」、または、「個別に」、資料を配りまくりレクチャーを繰り返すだろう。

目に見えるようだ。

「先生、これを言えば、日中関係は修復不能になります」

「先生、こうしていただければ、韓国の大統領は文句を言わないと韓国外務省は言っています」等々々。

そして、この政府の役人が委員に伝える内容は、我が国の際限なき譲歩を引き出すものである（これ、河野洋平官房長官談話作成時の状況と同じ）。

当たり前だ。

歴史は、
支那にとってはプロパガンダであり、
朝鮮にとってはファンタジーだ。
商行為で中共と太いパイプがあっても、
歴史に関して、パイプもへったくれもあるか。

よって、安倍総理に申す。

安倍晋三談話は、日本国の内閣総理大臣の談話である。

他国の介入を排し、貴兄の責任で、貴兄の決断において、貴兄の思う通りの談話を発出されたい！　私は、貴兄の憂国の想いを信じている。


次に、本通信の表題に「歴史に『解決』はない」と掲げた趣旨を述べておこう。

その「歴史」とは、中韓、即ち、支那と朝鮮との「歴史」である。

彼らにとって、歴史は、プロパガンダでありファンタジーである。

だから「解決」はない。

中共（中国共産党）にとって、「歴史」こそは、中国共産党が中国人民を救うために如何に戦って邪悪な日本軍国主義を打倒したのかを示す壮大な物語（プロパガンダ）である。反対から言えば、朝から晩までその物語を繰り返さなければ、中国共産党こそは、中国人民を八千万人以上殺戮した、人類史上最悪の疫病神であるという「事実」が暴露される。従って、このプロパガンダは、「事実」などどうでもよい中共の生き残りをかけた「ウソの演技」なのだ。

本年九月三日、中共の習近平主席は、「対日戦争勝利記念軍事パレード」を各国首脳を招いて大々的に挙行する。

何故、「九月三日」にするのか。

習近平しか答えられない。何故なら、あの男の頭の中にしか根拠がないからだ。

我が国が、戦艦ミズーリ号上で降伏文書に署名し、連合国に対して正式に降伏したのは昭和二十年「九月二日」だ。

では、何故、習近平は、我が国が正式に降伏した「九月二日」に、対日戦争勝利の軍事パレードができないのか。

その訳は、我が国が降伏したのは中華民国であり習近平の中共ではないからだ。

そもそも中共という国家は、その時、この世界に存在しなかった。

中共が誕生したのは、昭和二十四（一九四九）年十月一日の毛沢東による建国宣言からである。しかも、中国共産党が蔣介石《しょうかいせき》の国民党を打倒することができたのは、我が帝国陸軍のお陰である。

昭和十九年、参謀本部作戦課長、服部卓四郎《はっとりたくしろう》大佐は、支那大陸を北京から南寧《なんねい》に南北二千五百キロを打通《だつう》する第一号作戦を立案する。

そして、帝国陸軍は、五十一万の兵員を動員してその打通作戦を完遂する。

その間、帝国陸軍は抗戦する蔣介石の国民党軍を悉《ことごと》く撃破して、逃亡兵の集団にまで弱体化させた。

この帝国陸軍の大陸打通大進撃のお陰で、延安《えんあん》に逃げて隠れていた栄養失調の貧弱な装備の共産党軍でも、既に組織的戦闘ができないレベルにまで弱体化した国民党軍に打ち勝つことができたのである。

恐れ入ったか、中国共産党の習近平主席よ、

本年九月三日には、まず第一に、

「対中国国民党軍勝利六十六年記念軍事パレード」をやれ、

同時に、
「大日本帝国陸軍感謝祭」を挙行し、
日本国の安倍晋三総理大臣に、お礼のメッセージを送ってこい。
安倍晋三総理よ、
事実に基づいて、これくらいの気概をもって談話の内容を練りに練られたい。

ついでだから韓国のことも書いておこう。

二月十九日、産経新聞政治部編集委員の阿比留瑠比《あびるるい》さんが、産経新聞に「慰安婦は韓国が解決する問題」と題して評論を書いていた。

私の意見は既にお分かりと思う。「解決できないだろう」ということだ。何故なら、朴槿恵大統領、あれはもう触れば触るほど悪化する「患者」だ。

私が馬鹿馬鹿しいからすぐチャンネルを替える番組に、こともあろうにＮＨＫなどの放送局の流す「韓国ドラマ」がある。

あの豪華絢爛たる衣裳を着たわざとらしい俳優の演技、ウソウソ、大げさだよと思う。

朴槿恵という人は、十九世紀の朝鮮もあの番組のように豪華絢爛だったと思っているのだ。そのファンタジーを滅茶苦茶にしたのは日本だと。

阿比留さんは、この論考の中で、昨年六月に訪韓して慰安婦問題を担当した韓国の元外交官に「日本はどうしたらいいのか分からない」と言うと、先方も「韓国も実は分からない」と答えたことを紹介し、さらに韓国側の「物質的な補償を日本に要求しない」という金泳三《キムヨンサム》大統領の言葉をはじめ、日本人が納得できる意見を言う韓国外務省幹部の言葉を紹介する。

しかし、言っておく。

韓国も、「実は我々と同じ思いでいる」と安心するな、この時こそ注意しろと。

安心し、お互いに意気投合しているように思い込んで相手のことが分かっているようなことをちょっと言えば、直ちに豹変してつけ込まれるぞ、と。

私は、弁護士時代に依頼者からよく聞いた、たかり（ちんぴら）が堅気を追いつめて法外な金をせしめる論理を思い出す。

堅気が相手の気持ちを察して、「百万円お支払いします。これで納得して下さい」と言う。すると、たかり、ここぞとつけ込む。

「なめとんのか、われー、金の問題やないんや。誠意を示せや、誠意を示さんかえ」

という訳で、堅気を、阿比留さんが言ったように「どうすればいいのか分からない」状態にしておいてから話を始めるのが、たかり（ちんぴら）である。
つまり、対処法は一つ。
相手にしない。警察に任す。
これが私の、依頼者への指示であった。

今、歴史が繰り返す・支那大陸の地殻

平成25年11月26日

1、中国の国防動員法

二〇一〇（平成二十二）年七月一日、中国政府は、「国防動員法」を施行した。

国防動員とは、国家が平時体制から戦時体制に移行して戦争に必要な人員、物資、財の調達を統一的に行う措置のことである。つまり、戦争動員である。

しかし、中国政府が施行した「国防動員法」の特異性は、戦時ではなく平時でも「戦争動員」を実施できることである。

これによって、中国政府は、いつでも戦略物資、例えばレアアースなどの輸出規制を行うことができる。実際に、同年九月の我が国が尖閣周辺で中国船長を逮捕したときに行っている。

更に、この国防動員法の特徴は、在外中国人を在外のまま民兵として動員でき、在中外国企業を人民解放軍の武器製造に徴用できることである。

よって現在、我が国に在留する外国人で一番多い百万人もの在日中国人の大多数が中国政府の指令により民兵（昔の便衣兵）に変貌するのである。

国防動員法四十九条「十八歳から六十歳の男性公民と十八歳から五十五歳の女性公民は、国防勤務を請け負わなければならない」

二〇〇八（平成二十）年の長野市における北京オリンピック聖火リレーにおいて、四千名を超える在日中国人が長野市に動員され、市内を五星紅旗で覆い尽くして「人民特区」を形成し、多数の日本人に暴行を加えて傷害を負わせた。

これは、国防動員の予行演習である。これからは、紅旗ではなく「武器」を携行して動員されるであろう。

そして、現在、在日中国大使館は、日本に在留する中国人に対し大使館に申告するように呼びかけている。これは、日本国内にいる「潜在的人民解放軍兵士」の総数を把握しようとしているのである。その数、自衛隊より多いことは確かであろう。

2、菅内閣による中国人入国ビザ発行要件の劇的な緩和

中国政府が国防動員法を施行したまさに同日、菅直人《かんなおと》内閣は、日本に入国しようとする中国人の観光ビザ要件を大幅に緩和した。

これによって年収八十五万円ほどの中国人五人家族が、観光名目で日本に入国できるようになった。年収八十五万の中国人は家族を含め、総数は一億人近くになるという。

この、我が国の生活保護世帯に相当する低収入の五人家族が、観光などできるはずがない。しかし、菅内閣は、彼らに観光ビザを発行できるようにした。

ここに菅直人の最大の売国性、反日性が表れている。

3、平成二十二年九月
尖閣諸島領海内に中国漁船が侵入し、我が国の海上保安庁巡視船に体当たりする。

当該漁船の船長を逮捕したところ、温家宝《おんかほう》首相が「日本は過ちを犯している」と非難し、レアアースの対日輸出を禁止し、日本人商社マンを拘束した。

なお、この「過ちを犯している」という温家宝の表現は、広島の爆心地における碑文「安らかに眠って下さい　過ちは　繰返しませぬから」から借用したものであろう。

つまり、「過ちを繰返しませせぬ」と誓った日本が、また「過ちを犯した」、よって、日本に原爆を正当に投下できる、という恫喝であろう。私は、温家宝のこの発言を聞いてこのように解釈した。

4、平成二十三年三月以降、現在まで
東日本巨大地震巨大津波の災害後、中国航空機の日本領空に向けた飛行が急増し、航空自衛隊機のスクランブル発進は三倍の密度に激増した。つまり、火事場泥棒がうろうろし始めたのである。

以後、中国機の我が国の領空接近は止まずに現在に至っている。

そして、ついに本年、中国軍用機が我が国領空を侵犯し、無人機も飛来するに至っている。

平成二十四年三月、中国政府の船「公船」が、尖閣諸島の我が国領海を侵犯した。同時に同政府は、これから定期的に公船を尖閣周辺に侵入させること、その目的は「日本の実効支配を打破することである」と表明する。即ち、中国政府は日本から尖閣を強奪すると言っている。

以後、公船による領海侵犯は継続して現在に至る。

5、平成二十五年十一月二十三日、

中国政府は、突如、尖閣諸島上空を含む空域に防空識別圏を設定し、同日午前十時から施行したと発表した。

この識別圏は我が国の防空識別圏と多くの部分が重なっており、同日昼から夕方にかけて、中国軍の情報収集機など二機が我が国の防空識別圏に侵入した。

以上、中国共産党政権の対日発信と尖閣周辺海空域における軍事的攻勢を概観した。

ではこの間、中国の内部はどうなってきたのか。

中国の対外的行動は、内部の矛盾の噴出した結果であることが多い。現在の中国の内部、それは、明治十二年に情報将校福島安正《ふくしまやすまさ》中尉が次のように「隣邦兵備略《りんぽうへいびりゃく》」で報告した通りになっている。

「清国の一大弱点は公然たる賄賂の流行であり、これが百悪の根源をなしている。しかし、清国人はそれを少しも反省していない。上は皇帝、大臣より、下は一兵卒まで、官品の横領、横流しを平然と行い、贈収賄をやらない者は一人もいない。これは、清国のみならず古来より一貫して変わらない歴代支那の不治の病である。このような国は、日本がともに手を取ってゆける相手ではありえない」

この百三十年前の福島中尉の支那報告は、そっくりそのまま、現在の中国共産党体制下の支那に当てはまる。福島報告にある「上は皇帝、大臣」を、現在は「共産党主席、政治局常務委員」と読み替えるだけでよい。

今や、人民の貧富の格差は、耐え難いほど拡大し、昨年は十八万件の暴動が支那各地で起こっている。実に一日平均五百件の暴動である。本年三月、習近平が国家主席に就任したが、まさに暴動の中での政権交代といえる。
同時に、習近平のライバルである薄熙来《はくきらい》の裁判で露呈したのは、根強い薄に対する人民の支持でありこれは習の大きな脅威である。また習は、既に軍閥化している人民解放軍を掌握していない。
そして、
十月二十八日、北京天安門前で車が爆発炎上し、
十一月六日、山西省太原市共産党委員会ビル前が爆破され、
十一月二十六日、山東省青島で中国石油化工のパイプラインが爆発した。
しかもこれら爆発の真相は発表されていない。北京市内に四十万個も設置されているという監視カメラの映像は秘匿されたままだ。発表すれば共産党が困ることがあるのであろう。それ故、中国政府の説明を信じている人民は一人もいないといわれる。
かつて毛沢東は、大躍進政策による惨状から人民の目をそらすために、金門馬祖を砲撃した。
鄧小平は、文化大革命の不満が鬱積するのを避けるために、懲罰と称してベトナムに侵攻した。
今、尖閣をターゲットにして、何が起こるか分からない。

もはや、「想定外」はない。覚悟を決めておく時が来た。

習近平が、もしやれば、西のウイグル、チベット、モンゴルに波及し、共産中国崩壊へ転がり始める。

朝鮮半島にも波及し、北朝鮮に拉致された日本人救出のチャンスが来る。

アジアの夜明けだ。

安倍総理、やはり、今からでも遅くはない。

靖国神社に参拝されよ。

英霊に参ることが、我が国のどれほどの抑止力になるか。

君は知るべきである。

汚い内臓を見る思いがする

平成27年2月14日

風は寒いが日差しは優しい。

仁徳天皇陵《にんとくてんのうりょう》の南に広がる大仙公園を、犬と散歩してから机に向かっている。

公園の日差しとは反対に、今日この頃の報道を点検すれば、現在の政界の汚い内臓を見る思いがする。これでは、昨年末の総選挙は、日本を悪くするためにやったということになる。

「勝者、敗因を蔵し、敗者、勝因を蔵する」、という言葉がある。

では、我が国の、この特異な戦後七十年政界は、何を蔵しているのだろうか。

それは、敗因でも勝因でもなく、滅亡だろう。

自民党の総務会長が、大旅行団を率いて韓国を訪問して、例のあの朴大統領と会見し、彼女が、「慰安婦が生きているうちに解決を」とせっつくと、それに対して「まったく、その通り」との見解を表明している。

この人は、かつて小沢一郎《おざわいちろう》氏の大旅行団である「長城計画」や「ジョン万の会」などを企画したり、観光業界や旅館業界が歓迎する日曜日や土曜日と重なる祝日をずらして連休を多くする制度を作ったりしてきた、まことに器用な御仁である。

七十年前に売春婦であった人は、今は老婆であろう。その彼女らの老後を何とかするのは、彼女らの母国である韓国の大統領の仕事である。

それをだ。

日本に対して、解決を、とは何だ。この大統領は！

韓国政府が認めているように、韓国は「売春大国」である。

数年前、韓国国内の売春を禁止すると、売春婦による「売春禁止反対、私達の職業を奪うな」という反政府デモが為された国。これが韓国だ。

とはいえ、その売春禁止の結果、韓国から売春婦が世界に飛び出し、アメリカにおける国別外国人売春婦数は、韓国人がダントツの一位である。

日本にも韓国人売春婦が「うようよ」いる。

もっとも、彼女ら、自力でアメリカや日本に渡航して「事業」を始める才覚がないから朝鮮人業者（昔の女衒《ぜげん》）の、儲かるよという「甘言」に騙され、または誘われて渡航していく。現在も斯くの如く。七十年前も斯くの如しだ。

しかし、今から七十年後に老婆となった彼女らの生きているうちに、七十年後の我が国やアメリカは、彼女らに対して何を「解決」しなければならないのか。

それを「まったく、その通り」という馬鹿が、七十年後にはいないことを願う。

また、例の、自民と公明の、「グレーゾーン」をどうするとか、防衛対象をアメリカ以外に広げるのはいいとか嫌だとかの「安保法制協議」が始まったようだ。

これも馬鹿馬鹿しいから止めたらどうか。敵に、日本攻略のやり方を教えるようなものではないか！　自民と公明は、「あれはできます」、「これはできない」とやっている。

自民公明が「これはできません」と言っている部分に、敵は「おおきに」と言って、やってくる。こいつらのしていることは一体何だ。用語を適切に使えば、これは「利敵行為」である。「外患誘致」である。これを大まじめにやっている。

安倍総理は、この「韓国へのまったく、その通り」の大幹部と、自民公明の「利敵行為者」の分厚い層を土台にして、以前の談話と整合性のある「戦後七十年安倍晋三総理大臣談話」を練っている。

もうやめとけ。

沈黙しておけ。

それが一番、民族の名誉を守り、国益に適う。


ところで、日本人二人の首を切り落とした「ＩＳ（イスラム国）」の過激テロ組織を非難せずに、人命尊重とか憲法九条を守れとか戦争反対とか、中東地域への人道支援を表明した安倍総理が悪いとか、安倍は見殺しにしたとか、叫び、踊り、「I AM KENJI」とかの札を持って立っているやつがいる。

これらの者どもは、中東で日本人をはじめ、欧米人を酷たらしく殺害したテロ組織の本質に目をつむる偽善者である。

どこの国にも馬鹿はいるが、我が国においては、これらの馬鹿に同調する絵に描いたようなアホ国会議員が多すぎる！

これは既に我が国の病理である。

戦後とは、こういう民族の病理を生み出す時代であったのだ。

我が国は如何なる状況に包囲されているのか

平成25年10月18日

あの亡国的な民主党政権からの復元期にあたり、総理大臣が安倍晋三氏であることは我が国の幸いである。

総理には、自民党内を見渡せば、安倍氏が最適格である。自民党外を見れば、平沼赳夫《ひらぬまたけお》氏が最適任である。真の救国内閣は、平沼赳夫氏と安倍晋三氏の連合によって創設できる。

この度の台風で、突如、伊豆大島の集落に深夜、土砂が襲いかかったように、我が国に危機が襲来したならば、この連合による救国内閣が危機を克服することになる。

これが我が国の潜在的な強みであることを、心ある人は腹に入れておくべきだ。

かように私は、安倍晋三氏を評価しているが、ここ数回の本時事通信で、安倍総理についていささか辛辣なことを書いてきた。

それは、厳しい内外の情勢のなかで、戦後体制ではもはや我が国の存立を確保しがたいにもかかわらず、安倍総理の与党は戦後体制的状態に留まっているからだ。

もちろん、野党の面々も未だ戦後状態であるが。

一刻も早く、旧来の政党の枠を捨て去り、靖国神社の英霊と直結する議員同士が大同団結し、つまり日本を取り戻したい議員同士が大同団結し、我が国の独立自尊体制を構築しなければならない。それほど、深刻な危機が迫りつつある。

まず第一に、「我が国の戦後体制」を作っていた「世界の戦後体制」は、東西冷戦とその次のアメリカの一国超大国体制であるが、これらは既にない。

次に、中国共産党が、いよいよその中華帝国主義的覇権主義を軍事力によって実践する段階に入ってきた。

そして、北朝鮮が金《キム》体制崩壊期に入った。

アメリカは、昨日の土壇場のデフォルト回避騒動でも明らかなように、財政的な危機的状態にある。

また、オバマ大統領が、政府軍が毒ガスを使うシリア内戦への関与を逡巡した挙げ句にロシアの言い分に従ったことでも明らかなように、アメリカの威信は低下し、既に決断できないアメリカに変容している。

そして、今後十年は、アメリカの国防費は、毎年五兆円ほど削減されていく。

従って、アメリカはオバマ大統領のアジア重視の発言とは裏腹に、アジアから退いてゆかざるをえない。

このアメリカの退潮を見て、中国は二〇〇九年半ばに、共産党中央政治局拡大会議を開催して、雌伏の時代に決別し、正面から力を行使して外に打って出るという露骨な軍事的攻勢に国策を転換した。

その具体的現れが、南シナ海や尖閣諸島を「中国の核心的利益」として公船や軍艦を繰り出す攻勢である。

同時に、中国が、我が国の沖ノ鳥島付近の西太平洋に、正真正銘の艦隊と原子力潜水艦を遊弋《ゆうよく》させていることを見過ごしてはならない。

この西太平洋の原子力潜水艦からは、アメリカの首都ワシントンやニューヨークを直撃する核ミサイルを発射することができる。

アメリカのアジアからの後退の理由は、財政的理由に加えて、この西太平洋を遊弋する中国の原子力潜水艦からの核弾頭ミサイルの脅威である。アメリカは、首都やニューヨークを犠牲にしてアジアで戦わない。

そして、極めつきは、歴史上、我が国の安全に重大な影響がある朝鮮半島の情勢だ。

アメリカのランド研究所が、北朝鮮の金体制が数ヶ月後か数年後に崩壊するとのリポートを出したと産経新聞の古森義久《こもりよしひさ》さんが伝えている。

この金体制の崩壊は、北朝鮮の内乱を招き、朝鮮内の内乱は中共の半島への介入を招き、中共の介入は、日本の出兵（日清戦争）やアメリカの出兵（朝鮮戦争）を招き、中共との軍事衝突を勃発させてきた。

また、日本に押し寄せた蒙古は、朝鮮半島から出撃してきたことを忘れてはならない。古来、朝鮮半島では、我が国にとって深刻な歴史が繰り返されてきたのである。これからも繰り返すであろう。もっとも、金体制の崩壊は、以前から、潰れる潰れると何度も言われてきた。そして、今まで潰れなかった。

しかし、中長期的に見れば、北朝鮮であれ中共であれ、独裁体制は必ず潰れるのである。従って、これら中共と朝鮮半島の近隣にある我が国は、いずれは彼らの政権崩壊の重大な影響を受けて立たねばならないのだ。

そこで、以上のアメリカ、中共そして北朝鮮の状況を概観すれば、日本国憲法に謳われている通り、「平和を愛する諸国民を信頼して」、「陸海空軍その他の戦力」と「交戦権」を放棄した我が国が、この状況のなかで生き残れないことは明らかではないか。

よって、安倍総理が十五日の所信表明演説のなかで、

「欧米列強が迫る焦燥感のなかで、あらゆる課題に同時並行で取り組まねばならなかった明治日本」と今も同じだという状況認識と「明治の日本人にできて今の私たちにできないはずはない」という心意気は、実に正しいのだ。

明治の日本人がしたように、我々もしなければならないではないか。

それは、我が国の「独立自尊体制」の確立。つまり、独自の国防体制の確立、即ち、軍備増強である。

このことを総理は所信で明確に表明すべきであった。

それからもう一つ、安倍総理は、アメリカを根城にする多国籍企業への警戒をゆめゆめ忘れてはならない。油断すれば、骨の髄まで抜かれる。

彼らは、アメリカをデフォルトに追い込んで世界経済を無茶苦茶にすれば、俺たちが世界を支配できると夢みて歓迎する連中なのだ。

オバマ大統領やアメリカ議会が迷走したように見えるのも、彼ら多国籍企業の意向を酌んだ上のことかもしれない。

第五章

今、幕末が来ている

ＮＨＫ、韓国、沖縄

平成25年12月26日

二十三日の天皇陛下のお誕生日に書き込むのを控えたことは、ＮＨＫの二十二日放映の政治番組ＮＨＫスペシャル、「証言ドキュメント　永田町・権力の興亡」に対する感想だ。

何故書き込むのを控えたのか。

それは、この番組を放映するＮＨＫの「おぞましい意図」を感じたからだ。

天皇陛下のお誕生日のお祝いと、かつて天皇を廃止して国民から日本人としての自覚を奪い、その上で日本を共産化しようとしたコミンテルンの方針に、未だ迎合して密かに日本国民愚民化を促進しようとするＮＨＫに関して、同時に書くことはできない。

このように思いながら、二十四日、二十五日と東京―大阪を往復し、過ごしてきた。

すると、南スーダン派遣の韓国軍部隊が、同じ地に派遣されている自衛隊に、小銃弾一万発を提供してくれと要請し、我が国の内閣で決定し提供したということ、そして沖縄県の普天間《ふてんま》基地の辺野古《へのこ》移転に関して安倍総理が、仲井真《なかいま》沖縄県知事説得に乗り出し、いろいろと知事が要望していたことに応え、加えて平成三十三年度まで各年度三千億円以上の振興強化策を決めたことを伝えたところ、知事が「驚くべき、立派な内容」と応えた、というニュースが入ってきた。

まず、ＮＨＫスペシャルについて。

この番組は登場人物に、暗い部屋で顔にライトを当てる手法で「証言」させ、如何にも、「今まで表に出せなかったこと」を密かに打ち明けていると思わせるように構成している。

しかし、登場人物は、「つまらんこと」を「大まじめに」言わされている「つまらん役者」である。

そして、この「スペシャル番組」で視聴者は、ＮＨＫ朝の連続テレビ小説（ごちそうさん、とかいう）で、「小姑の嫁いびりの手法」や「旧家の複雑な内幕」をチョビリチョビリ見せられているように、「政治の内幕」を見せられる、というわけだ。

つまりＮＨＫは、「朝ドラ」と同じ手法で政治をドラマ番組化した。ここには、我が国の政治が、見ている視聴者一人一人の運命どころか、北朝鮮による拉致被害者の運命、更に国家民族の未来に関係することであるという問題意識のかけらもない。

即ち、結論。

ＮＨＫのこの番組は、日本国民を愚民とみなす番組である。

こういう番組が、ＮＨＫで流されている以上、中国共産党と北朝鮮労働党、そして我が国内のこれらの工作組織は、ほくそ笑んで安心するというわけだ。

さらに突き詰めれば、かつてＮＨＫは、連合国軍総司令部ＧＨＱが、日本国民に日本は悪い国だという観念を骨の髄まで植え付けるための番組を流し続けた歴史を持っている。

ＧＨＱの言論弾圧のための検閲官を指揮した頭目の東京帝国大学教授が、戦後ＮＨＫの会長になったのはその象徴である。

従って、ＮＨＫのこの歴史に鑑みれば、ＮＨＫの番組は、現在、なくなったＧＨＱに代わって中共や北朝鮮の工作組織の影響の下に創られているのではないか。

事実、ＮＨＫ内でＧＨＱ時代の番組作成への反省はなく、当時の人材はそのまま昭和三十年代から四十年代まで順調に出世して五十年代に定年を迎えている。それ故、ＮＨＫ内では、アメリカ軍と中共や朝鮮が歓迎する「日本悪」の歴史観はそのまま生き続けていると判断せざるをえない。

ＮＨＫが日本国民の視聴料支払いによって成り立つ真の公共放送局ならば、馬鹿を演じた者（または、演じさせられた者）の「内緒話」ではなく、我が国家の根本問題と我が国を取り巻く周辺の深刻な事態、即ち、自主憲法制定と中共の軍隊に如何に対抗するか、を明確に背景において、その中で政治家が如何に動いてきたかに、焦点を当てた「証言ドキュメント」を制作するべきである。

この観点からすれば、二十二日の番組で、「まじめに」話していた人物の多くは、田舎のキャバレーの支配人に見えるであろう。

次に南スーダン。

我が自衛隊が韓国軍に頼まれて銃弾一万発を渡した。この決定が速やかに内閣で行われたこと、これは「当たり前」だが、いいことだった。

問題は、一万発下さいと頼んできた韓国だ。

何故、現地の指揮官は、自分の属する最高司令官のライン、つまり韓国大統領のラインに銃弾補給の要請をせず、我が自衛隊に要請したのか。韓国軍指揮官は、韓国政府と大統領を信頼していないのか。出発に当たって必要な銃弾量を渡されずに外に出たのか。

さはさりながら、韓国政府のコメントは何だ。

こっちはちゃんと内閣で決定して一万発を渡したのだ。しかるに、この日本に対して、韓国政府からは何の謝意の表明もない。

そこで、朝鮮語使いで朝鮮研究者で、今は特定失踪者問題調査会の代表をしている荒木《あらき》和博《かずひろ》氏との会話を思い出したので紹介しておく。

私が、荒木氏に、

「韓国経済は、今、欧米多国籍企業の植民地になっていて、彼らが引き上げれば破綻する。

こういう危機に瀕しているのに、あの馬鹿大統領は朝から晩まで反日を内外で叫んでいる。こんなことをしていたなら、困ったとき、日本に頼めないではないか、あの大統領、どうするのだろう」

荒木氏、ニコニコ笑い、私の腕に手を回して、

「いやー、大丈夫ですよ。昨日、日本を滅茶苦茶非難していても、今日になれば、ニコニコ笑い、こういう風に手を取って、『いやー、西村先生、長いつきあいじゃないですか、仲良くしましょうよ、お金下さいよ、頼みますよ』と言いますよ。これがあの人達です。そうすれば、日本は、また出すんです」

と言った。いやはや、南スーダンはこの通りだ。さすが専門家だ。

次に、沖縄の仲井真知事。

体が不調なのか、車いすで大丈夫か、と思っていたら口は大丈夫だ。安倍総理に対して、「驚くべき、立派な内容」とは如何なる状況で出た言葉なのかはっきりしないので、断定できないが、この人にも、感謝の念がない。まるで、総理大臣を呼びつけて満額回答を得た、という風情である。

「驚くべき」とは何だ。知事は、総理大臣を見下しているのか。

二人の会談の背景には、チョロい記者が山のように群がっている。こういう雰囲気での話であったのだろう。これは、沖縄流の会談方式である。

注目すべきは、年三千億円の振興強化策である。これは、丸投げだ。

そこで問題は、沖縄県に渡す国税は、沖縄の基地反対運動の懐に流れるということ。これは、沖縄が日本の左翼と在日の反日組織のドル箱になるということだ。そう、国税が沖縄経由で、国会前の、反原発、反秘密法、沖縄での、反基地、反日、反米活動組織の資金にならないという保証は何処にもない。

地方分権・地方分権とさかんに言われるが、そもそも地方に金を渡せば、全て上手くいくわけではない。

沖縄では、惠隆之介《めぐみりゅうのすけ》さんが報告しているように、基地対策費という公金が、基地反対運動にも渡っている。基地反対も基地対策の一環というわけかどうか分からない。金を渡せば、反対の連呼が、十回のところ三回で済ませてやるとでも言われたのか。つまり、訳は分からないが、基地対策に金を渡せば渡すほど、基地反対運動が「日常業務」となることは確かだ。

よって、知事に金を渡して、「驚くべき、立派な内容」などと言われるより、政府直轄事業としての「沖縄、奄美および南西方面各島嶼」つまり「南西方面」統合振興事業を開始してはどうか。

来るべき動乱に備え、この年末を鉢巻きする覚悟で過ごすべし。

明年は、もはや、戦後の惰性は通用しない。百八年前の今、旅順要塞陥落直前の死闘が展開されている（一月一日陥落）。

これら英霊と共に、我が国家の運命を決める平成二十六年を迎えるべし。

あら何ともなや

平成25年12月29日

松尾芭蕉《まつおばしょう》の次の句を思い出した。

「あら　何ともなや　昨日は過ぎて　河豚汁」

首相が靖国神社に参拝すれば、「えらいことになる」と、参拝不可と唱えていた「外交専門家」、「学識経験者」そして「政治家」も、河豚汁を食べて、翌朝この句を思い出せ。二十六日、二十七日そして二十八日と会った人は、みんな、「安倍総理、靖国神社参拝されてよかったですね」と挨拶した。

今朝の産経新聞、古森義久さんの書いた「あめりかノート」。そこに「日本の首相は頻繁に靖国を参拝すべきだというジョージタウン大学のケビン・ドーク教授は『オバマ政権の靖国への態度は、大聖堂の現実からみると明らかに偽善的だ』と論評するのだった」とある。この「あめりかノート」を読んで、アメリカ人にも「首相は頻繁に靖国に参るべし」という考えの人がいることを知り、新鮮な思いがした。

しかし、人にとって「慰霊」は当然のことなのであるから、参拝も、特定の日の特異な特別のことではなく、当然のことだ。

そして、当然のことなら、「頻繁に靖国に参るべし」だ。

従って、総理も我々も、当然のことをしよう。朝起きて、「あ、今日はお参りしよう」と思った日に靖国神社にお参りしよう。

靖国の二の鳥居をくぐれば、英霊がおられる。


ところで、今朝の産経新聞にもう一つ注目すべき記事があった。それは、「子供たちに伝えたい日本人の近現代史」だ。そこに皿木喜久さんが、満洲事変について書いている。

マスコミに、事実に基づいた満洲事変の真相が、これほど的確に分かりやすく書かれているのを見たのは初めてだ。これこそ、新鮮な思いで読んだ。

これまでのマスコミに現れる満洲事変は、帝国主義・軍国主義の日本軍による柳条湖《りゅうじょうこ》爆破の謀略から始まった満洲侵略という型にはまった観点から書かれていた。

「当時、満洲の関東軍一万四千。

これに対して満洲の軍閥の張学良《ちょうがくりょう》軍十九万（三十万ともいう）、
支那人、ロシア人、そして朝鮮人からなる「共産パルチザン」は数知れず。

これらが、日本人と南満洲鉄道への襲撃を繰り返していた。

その襲撃の数、「日本が抗議した事案だけで三千件を超した」

これこそ満洲を「暴力と無秩序」に陥れ「内乱から内戦へ、内戦から革命へ」もっていこうとするコミンテルンの謀略であった。

この状況の中で一万四千の関東軍が広大な満洲の治安を維持しようとしていたのだ」では、これは、どういう状況なのか。皿木さんは、関東軍参謀石原莞爾《いしわらかんじ》に次の通り語らせている。

これこそ新鮮ではないか。

「一触即発、あたかも噴火山上にあるままに放置されていた」

さすが石原莞爾参謀、これほど的確に満洲の実態を捉えた表現はない。満洲には危険なガスが充満していて、微かな火花でも爆発する状況だった。

戦後史観は、関東軍が柳条湖事件を仕掛けて、平和な満洲への侵略を開始したとするが、それは実態とは違う。

柳条湖の爆発は、「最後の藁」、「ラスト・ストロー」に過ぎない（中村粲《なかむらあきら》教授）

なお、二十八日に放映されたチャンネル桜の「闘論！倒論！討論！」で、私は、「総理大臣は、靖国神社に、毎日参拝すればいい」と言ったが、この収録は二十四日。
そして、本日、古森義久さんの記事で、慰霊ということの本質は、いつも参拝すること
であり、このことはアメリカ人も同じであると確認できた次第だ。

我が国の食文化

平成26年11月4日

我が国の食、つまり日本食は、天然自然のものを「生」で食べることを特色としている。

我が国は、それが可能な天然自然に恵まれている。

従って子供は、食事をするときに、いただきますと言うこと、そして、この食を生み出す国土の自然と、この食を収穫してくれた、お百姓さんに感謝しなさいと、親から夕食に教えられて育つ。

自然への感謝と信頼と、食を提供してくれる者への感謝と信頼が、我が国の食文化の特色であろう。このことは、家庭で食べる食事の時も、いわゆる外食のときも同じである。

また、明治以降の近代化（西洋化）のなかで、今までになかった食をいただくことになっても変わらない。

日本食は、海と山と畑からの恵みをもって作られるが、海のものは魚介類であり、それを生で食べることを特色とする。

そして、戦後広まった肉食においても、それを生で食べることも普通に行われるようになってきた。生レバーだとかユッケである。

そこで、この日本の食文化の中における肉の生食であるが、この肉は、日本で丹誠込めて育てられた牛を前提にして始まったものである。

従って肉料理も、日本食の伝統である食を生み出す国土と、生み出してくれた者への感謝と信頼と、調理者への信頼から成り立つ日本食そのものであるといえよう。

つまり、生で食べられるものを客に提供し、客は調理側の技量と判断を信頼してそれを食べて喜ぶならば、それは日本の食文化そのものであり、何の問題もないのである。

寿司は日本食そのものであるが、近頃は、そのネタは、世界中から日本に持ち込まれる。それを信頼できる調理者が吟味して、目の前で調理して提供してくれるのはかまわない。

しかし、海外で捕れた日本近海にはない巨大な魚を冷凍して人件費の安い某国（中共など）に送り、某国で一口サイズに細分させて再び冷凍して日本に送り、日本で客の前を回転するレールに載せて安く売られる。

これは一体、日本の食文化なのか。

例えば、日本近海のヒラメのひれの付け根のところは「えんがわ」と呼ばれて美味しいが、ヒラメ一匹で四貫くらいしかとれない。

しかし、北米近海のヒラメ（カレイ）に似た畳二畳分ほどの巨大な魚の「えんがわ」は、ヒラメの「えんがわ」に似ている。従って、その部分を中共に送って寿司の本来の「えんがわ」サイズに裁断すれば二百人分以上の「えんがわ」が日本で売れる。

日本の食文化の伝統から見て、この近頃はやりの現象に、これでいいのかな、と思う。

瀬戸内海で捕れた絶品の「えんがわ」は高いぞ、むやみに食べられないぞ、トロを食えるのはもうちょっと頑張ってからだ、と親にも言われ自分にも言い聞かす。

そして、この絶品を客に出すためには、職人が鍛えた貴重な包丁を持つ長年修行した板さんがいる。

寿司とは、これでいいのである、と思う。

とはいえ、客が納得していて安全で食中毒などの心配がないなら、極安のネタを大量に提供していいではないか、外から文句を言うなと回転寿司から言われればその通りである。

そうであるならば、生レバーやユッケを客が納得して食べて安全ならば、それでいいではないか、外から文句を言うなということにもなる。

このように思っている矢先、京都の料理屋の板さんらが、生レバーを客に提供したとして逮捕されたという報道があった。

今まで食べてきた客がどうなのかの報道はない。従って、客は何ともないのだろう。

これはやり過ぎだ。

警察にこのようなやり過ぎをさせるように規定している法制度はおかしいと思う。

そもそもこうなったのは、数年前に、親がある食堂で子供にユッケを食べさせたところ、子供が食中毒を起こしてからだ。そのユッケの値段は二百円ほどだったという。

その時思った。おいおい、子供に二百円のユッケなど食わすなよ、と。

このお陰で、客の信頼のもとに、美味しい安全な、ユッケや生レバーを出している同業者とそこの顧客がどれほど迷惑したか。また、しているか。京都の板さんが逮捕されてしまったではないか。

同様に思う。いくら安いからといって、子供に百円のトロを食べさすなよ、と。

つまり、日本の食文化においては、天然自然への信頼と感謝が肝心であり、安売り競争はなじまない。

今、幕末が来ている

平成26年8月20日

世の中、口では維新々々と言いながら、何が維新か分からん連中が騒いでいる。

そこで言う。

今は維新ではない。その前の「幕末」だ。

天変地異そして、我が国を取り巻く厳しい国際情勢、これ、百六十年前の一八五三（嘉永六）年に始まった幕末の様相を再現してきている。

一八五三（嘉永六）年、黒海に北から張り出しているクリミア半島を巡ってイギリス・フランス・オスマントルコの連合軍とロシアとの戦闘が始まる。クリミア戦争の勃発である。この時、この戦争の圏外にあったアメリカが、東アジアの日本を軍艦四隻で恫喝して開国させた。

ここから幕末が始まった。

二〇一四年、ロシアのプーチン大統領は、クリミアを武力で併合し、ウクライナとクリミアを巡ってアメリカ・NATO諸国とロシアが対立し、ウクライナ東部では戦闘が始まっている。東アジアでは、この紛争の圏外にある中共が軍事力を背景にした覇権拡大を再開している。

そして気がつけば、幕末に我が国が直面した同じ国際情勢に、現在の我が国も直面しているではないか。

それは、武力に勝るものが劣るものを恣《ほしいまま》に屈服させ、その国益と領土を奪い取るという力の信奉者が作る情勢である。

更に加えて、従来の国家体制では、我が国はこの情勢に対処できずに滅ぼされるという国内状況も、百六十年前と現在は同じである。

従って、百六十年前は、我が国家の存続（サバイバル）のために「幕藩体制」を打破するための幕末期に入り、現在は、同じく国家存続のために「戦後体制」から脱却するための幕末期に入らねばならない。

そしてこの幕末期は、近代国民国家にして一君万民の立憲君主国家である「明治の日本」を誕生させることによって国家の誇りある存続を確保し得たのである。

これが、維新である。

よって、現在の我々も、国家の誇りある存続を確保するための「明治の日本」、即ち、一君万民の立憲君主国家を再興しなければならない。

現在の維新とは、この国家の再興に他ならない。

現在は、この国家の再興のための幕末期なのだ。

しかるに現在の政界は、己が今、置かれている内外の情勢への感受性を喪失した連中の空理空論で満ちている。このことは、あの夏の前まで延々と続いた与党内の集団的自衛権に関する役にも立たない議論や、死滅したと思っていた社会党の先祖返りの意見がマスコミを賑わせたことから明らかであろう。

そして、極めつきは、八月六日と九日の広島と長崎への原爆投下の日の前後に繰り広げられる典型的な「戦後の憲法九条的議論」である。

全く以て、唖然とするしかない。

このような時、この典型的戦後体制的議論を、現実の幕末期の中に生きる者が斯くの如く受け取ったという究極の表現に出合った。

それは、八月十八日の産経新聞一面に登場した、平成二十三年三月の東日本巨大地震・巨大津波に襲われた福島第一原子力発電所所長だった吉田昌郎《よしだまさお》氏の「吉田調書」である。

この調書は、政府の事故調査・検証委員会が、原子炉冷却電源喪失と原子炉建屋爆発という極限状況の中で対応に当たった吉田所長に聞き取りをしてまとめた聴取記録である。

吉田所長以下東電職員は全員、第一発電所内に踏み留まって必死に不眠不休で事態収拾の努力を続けた。

吉田所長は、菅首相が「自分が東電が逃げるのを止めたんだ」みたいなことを言っていたが、と聞かれ、次のように答えている。

「あのおっさんがそんなのを発言する権利があるんですか」

「あのおっさんだって、事故調の調査対象でしょう。辞めて、自分だけの考えをテレビで言うというのはアンフェアも限りない」

また、菅直人だけではなく、海江田万里経済産業相や細野豪志《ほそのごうし》首相補佐官ら、菅政権の中枢にいる政治家達が、東電が全面撤退する意向だと考えていたことに対しては、「アホみたいな国のアホみたいな政治家」と答えている（以上、八月十八日、産経新聞朝刊）。

この「あのおっさん！」、「アホみたいな政治家！」

これは、いつも私が使いたい言葉である。厳しい現実（幕末）の中で戦っている者からは、平和や生活第一や改革や維新を唱えているだけの者は、「あのおっさん」であり「アホみたいな政治家」、である。

これ以外の何物でもない。

吉田所長は、あの一刻を争う緊急時に、こんなおっさんやアホと、話をする時間も惜しかったであろう。

また、これは、何もあの最低の民主党政権だけのことではない。国家の存続のための戦いを知っている者から見れば、戦後体制の中にいて生活を楽しみ空理空論を続ける者は、みな「あのおっさん」であり「アホみたいな政治家」である。

南西上空で、超音速のスピードで中共軍のＳＵ27戦闘機と緊急発進して対峙している我が国のＦ15イーグル戦闘機パイロットや、南西海上で尖閣に近づく中共船の阻止行動をしている海上保安庁巡視艇乗組員から見ても、現場を知ろうとせずに、戦後体制の中だけで大真面目に議論している今のあの与党の面々は、みな「あのおっさん」であり「あのアホ」である。

さて、本時事通信も千通を超えた。

それまでの掲示板への書き込みから時事通信として第一号を通信したのは、平成十三年十月八日である。それから、十三年の年月をかけて千通を超えた。

第一通を開けてみると、自由党の時代であり、テロ関連法案に反対したと記している。その反対の理由は、集団的自衛権行使の決断なき国民の軍隊出動は不可であるというものだ。

つまり、自衛隊に、自分は助けてもらって当たり前だが、人は助けませんというような非常識極まる縛りをかけたままで、外へ出すな、出すなら政治が集団的自衛権行使を決定して出せということだ。

私は、議員になる前から集団的自衛権があるなら行使できるのは当たり前だと思ってきた。そして、議員としてその実現を目指してきた。

従って、その時から「憲法九条があるから集団的自衛権行使はできない」という者は、「アホ」に見えた。

私は、平時よりも乱世を前提にして国家の存続を考えてきた。平時ではなく乱世を克服できるか否かが国家の存亡を分けるからだ。しかし、乱世を考えない者達から、過激とか右翼とか問題発言だとかの非難を浴びせられた。

吉田昌郎さんは、想像を絶する存亡の危機の中で戦っていた。しかし、福島第一原発の外、特に東京は「戦後体制」の中だった。

吉田さんが、戦後体制の中にいる者が「アホみたいに」見えたのがよく分かる。

これから、現在まで続いてきている政治と政治家達が、吉田さんのように、あのおっさんで、アホみたいに見える国民が急速に増えてゆくであろう。

その数が過半数を超えた時に、我が国は、「戦後体制」から脱却して幕末が終わり、維新の戦いと明治の外戦に勝利できる体制構築に進む。

その過程で、民主党政権という典型的な戦後体制の中で、最も苛酷な戦いを戦い抜いた吉田昌郎さんの思いを忘れてはならないとつくづく思う。

私は、大阪の天王寺の吉田昌郎さんと同じ中学高校に学び、吉田さんと同じ方言と同じ言語感覚を持っている。それで、吉田さんが自然に使った「あのおっさん」や「あのアホ」は、実は私の言葉でもあるといえる。

それ故、これから一挙に、戦後から脱却するために、「あのおっさん」や「あのアホみたいな奴」を国民同志と力を合わせて、コテンパンにしてこましたろうと思っている。

この秋（あき）がその秋（とき）だ。

志士を知る者の涙

平成27年1月3日

この正月、維新創業期の三人、西郷隆盛《さいごうたかもり》、山岡鉄太郎《やまおかてつたろう》そして勝海舟《かつかいしゅう》からの聞き取り書きに接した。この三人は、それぞれ薩摩藩の頭目や幕臣であり立場は違ったが、お互いが、共に尊皇憂国の武士であり、一点の曇りもない至誠をもって天下に処する者であることを瞬時に見抜いた。

それ故、この三人が、江戸無血開城を為しえた。

これによって、「江戸百万の生霊」を救うことができ（勝海舟）、天皇の下に一致団結した国民国家が創業される前提が整う。

江戸無血開城こそ、現在の日本の運命を決した偉業である。

仮に、江戸が内戦の巷となっておれば、内戦状態の我が国が独立国家であり続けられたか分からない。

その後、この偉業を為した三人は、ともに官位にこだわらず恬淡《てんたん》として生きた。

これが武士である。

本日早朝、仁徳天皇陵周辺を歩いているとき、この三人の涙の情景を思い起こしたので、ここに記して、戦後の日本人の精神の欠落を指摘し、日本と日本人を取り戻すとは何かを得心するきっかけとしたい。

まず鹿児島に下野した明治六年頃か、西郷隆盛の聞き取り。

万民の上に位する者は、己を慎み、品行を正しくし、驕奢《きょうしゃ》を戒め、節倹を勉め、職務に勤労すべきだと述べてから、

「然るに草創の始めに立ちながら、家屋を飾り、衣服をかざり、美妾を抱え、蓄財を謀りなば、維新の功業は遂げられまじき也

今となりては、戊辰の義戦もひとへに私を営みたる姿に成り行き、天下に対し戦死者に対して面目無きぞとて、しきりに涙を催されける」

明治二十年、山岡鉄太郎聞き取り。

「今日は西郷などは国賊だから、拙者もあるいは国賊かも知れん。要するに、どれも皆、至誠の丹心から発したのだから、以上各士はいずれも非難のない武士道的人物である。

世人の国賊と呼ぶ西郷君のごときも、拙者は仰いで完全無欠の真日本人として疑わない」（西郷隆盛は西南の役により賊軍となるが、明治二十二年、大日本帝国憲法発布の特

赦により汚名を雪がれる）

「……いよいよ維新鴻業は成就した。

思えばさきに至誠殉国せられた志士の精神もはじめて貫徹せられ、海洋は波動をとめ、万物緑色として幽魂静かに地下に眠ることができるであろう。

ああ、深く感謝しなければならない。

（談ここに至るや、先生の双眼は血涙あふれるものあり）」


山岡鉄太郎没後（明治二十一年七月十九日）、勝海舟聞き取り。

「官軍はずんずん近寄りきて大総督の本営は既に駿府にまで来着ということである。

この際、君公の恭順謹慎の誠意を朝廷に訴える者がない。悲嘆至極の境遇に至っていたそのときだよ。

忠勇金鉄のごとき至誠鬼神を泣かしめる愛国無二の傑士山岡鉄太郎が出た。

（このとき、勝先生の声音、やや大にして、うたた古人を思い昔日を追念するの情にたえられなく、話は中絶して、先生の双眼、涙の溢れんとするを見る）」


以上、三つの情景を記したのは、我ら現在を顧みて、至誠殉国せられた先人を思い、深く感謝しなければならない、と双眼に涙をたたえる者いったい幾人いるのか、と深思していただきたいからである。

明治維新とは、この涙する尊皇至誠の者達によって為し遂げられた。

日本を取り戻すとは、この三人の英傑の涙を取り戻すことだ。
日本を取り戻すとは、深く感謝しなければならない、と英霊を思うことだ。
日本を取り戻すとは、内閣総理大臣が靖国神社に参拝することだ。

神話と日本

平成27年1月13日

産経新聞が、今年に入って、「海道東征をゆく　神武さまの国造り」という神話を連載し始めた。産経新聞は、これまで度々「神話」を連載してきた。これは実は、大変貴重な連載なのだ。

そこで、我々と神話に関して思うことを書き留めておきたい。本日、これから大阪に出て、午後に東京に移動する。それで、慌ただしいが、いま書き留めておいた方がいい。明日になれば、忘れるかもしれないから（歳のせいだとは言うなかれ）

日本が日本であるのは、天皇と神社があるからだ。天皇陛下が都におられ、全国津々浦々に神社がある、だから日本は日本なのだ。

西洋では、歴史を奪われた民族は滅びるという。民族を滅ぼしたいなら、その歴史を奪えという。その歴史とは神話のことである。

それ故、七十年前の昭和二十年、我が国を軍事占領した連合軍総司令部（ＧＨＱ）は、我が国の神話を奪い、明治維新以来の我が国の歴史を「軍国主義」と断罪した。

つまり、我が国の歴史を奪ったのだ。即ち、彼らは、我が国の歴史を奪い、日本民族を滅ぼそうとした。

戦後にＧＨＱが我が国に仕掛けた教育と文化への干渉と改竄《かいざん》は、物理的破壊の次に仕掛けられた、精神的な日本民族絶滅を目指した極めて悪逆非道な措置だったのだ。そして、彼らの思慮では、これで日本は滅び、二度と再び脅威とならないと判断した。

しかし、それから七十年。

逆に彼らの国は、移民や堕落（アメリカ）や暴力革命と腐敗（支那）で変容しても、我が国、日本は現在も日本である。

何故か。

我が国には天皇がおられ津々浦々に神社があるからである。この天皇がおられ神社がある限り、我が国から歴史と神話を奪い得ないのである。

天皇は、天照大神の直系の子孫で、津々浦々の神社は天照大神とつながる神々を祀るところだ。若いお母さんが、外へ行こうとねだる幼児を連れて近くの神社の森に行く。そして、社殿に手を合わす。この母の仕草を幼児は見ている。これは単なる仕草ではなく、日本の魂の姿だ。幼児は魂を見ているのだ。

神話と我々日本人の関係をみたフランス人の言葉を次に紹介しておきたい（竹本忠雄《たけもとただお》著「大和心の鏡像」勉誠出版より）

「われわれ西洋人にとっては、神話と歴史の間には、ぽっかりと深淵が開いている。日本の最大の魅力の一つは、これとは反対に、そこでは誰もが歴史とも神話とも密接な絆を結んでいられるという点にあるのだ。」（フランスの社会人類学者、クロード・レヴィ＝ストロース）

「闇と沈黙のなか、女神アマテラスを聖櫃に奉じ、これに生絹を掛けて神官の群れが粛々と運んでいく。生きとし生けるものの起源そのもののシンボルが、いま、眼前を通りすぎていく。この景観に、われらの小我の殻など、微塵に吹っ飛んでしまう。」（フィガロ誌「伊勢の聖夜」、フランス人作家、オリビエ・ジェルマントマ）

教育者とは政治家を遥かに超える存在である

平成27年2月24日

以前、西郷隆盛または西郷南洲という人が、現在に生きていたら何をしているだろうか、としきりに考えたことがある。

そして、ふと、そうだ、と思った。

西郷さんが、現在に生きていたら、田舎の小学校の先生をしている。

都会の学校の先生ではないだろう。自分の生まれた近くか海を隔てた孤島の学校の先生だ。それも、中学校でも高校でも大学でもない。小学校の先生だ。

西郷という人は、こういう人だ。

これが、多くの識者が「分からない」という西郷さんの本質であろうと思う。

西郷さんは、幕末の動乱期の三十歳代のほとんどを、南の島の牢獄の中で過ごし、明治維新前後の数年間、表面に出て「明治維新の形を決定」するや、我が国で唯一の、陸軍大将の地位と俸給を飄然《ひょうぜん》と投げうって郷里に戻り、集まってきた青年に、ぼつりぼつりと聞かれるままに思いを話し、思い余れば、話ながらしきりに涙を流し、明治十年秋の末、その若者らに担われて、何の言い訳もせず、

「晋《しん》どん、晋どん、もうこんあたりでよか」

と言ってその場に坐し、双手を合わせて天子のおられる遥か東天を拝して、晋どんに首を打たせた。

こういう人が、現在生きていたら、田舎の小学校の先生をしている、と私は思うのだ。幼児教育が幼い魂に与える影響の尊さ大きさを思えば、この結論になる。

教育とは、その人が死に絶えた遥かあとに、花を咲かせる尊い営みであるとするならば、西郷さんは、その通り生きてその通り死んだ。

それ故、西郷さんは、他の「維新の元勲」連中が皆忘れられても、唯一人、日本人の魂に残ってゆく。

西郷さんのことを言ってきたのは、西郷という「抜山蓋世《ばつざんがいせい》の勇ある達人」（勝海舟）に、最も謙虚で目立たない畏敬すべき教育者の原像を感じるからである。

真の教育者とは、西郷さんと同じ大きな影響を後世に残すものである。

私の師である森信三《もりしんぞう》先生は、
「教育とは、流れる水に文字をかくような作業である。
しかし、それを石に文字を刻むような真剣さでなさねばならない」
と言われていた。そして、
「花は、その先生が亡くなったあとに咲く」と。

さて、産経新聞は二月二十二日の朝刊で、尾張の一宮市の中学校の校長先生が、二月十一日の「紀元節」に際して生徒に向けて書かれたブログ全文を掲載した。
この校長先生は、我が国を「古代から、天皇陛下と民が心を一つにして暮らしてきた国」と生徒に説明され、我が郷里に御陵のある仁徳天皇の「民の竈《かまど》の煙」の仁政《じんせい》を述べられている。

仁徳天皇は、ぼろぼろの衣服を着られ、雨や風が吹き込むぼろ屋に住まれていながら、民の竈から上がる煙を見て、「我は豊になった」と喜ばれた。ぼろ服を着て廃屋に住むのに豊になったとは、といぶかる后に、天皇は、「民が豊なれば私も豊なのだ」と言われたのだ。

民が豊になれば自分も豊かだと思われ、自分よりも民のことを思われる治世の伝統こそ我が国特有のものである。

その証拠に、現在の我が国周辺の権力者を眺められよ。

これらの者達に民との絆はなく、民が飢えていても自分達だけが豚のように肥え太って財を蓄えているではないか。

「天皇と民の絆」が我が国の治世の、今に続く伝統である、と校長先生は生徒に語りかけられた。

なんと立派な先生であろうかと思う。

政府主催の紀元節奉祝の集会が、仮にあったとしても、そこに出てくる与野党の今の国会議員連中が、何人逆立ちしても、この先生一人に適わない。

何故なら、この先生は、教育者であるからだ。

ここに、日本の将来を明るく拓く教育の力を感じる。

なお、仁徳天皇は、減税と同時に大土木工事をされた天皇であり、現在の大阪平野はこの土木事業によって原型が作られている。

つまり、古代にケインズなきケインズ論を実践されたのが仁徳天皇である。そして幕末の為政者である西郷南洲も山田方谷《やまだほうこく》も、この仁徳天皇の故事を実践しようとした者達である。

「租税を薄くして民を豊にするは、即ち国力を養成する也……」（西郷南洲遺訓）

しかし、校長先生のこのブログに関して、何処の誰とも分からんたった一人の者が、一宮市教育委員会に抗議の電話をしたのだという。

すると、この教育委員会は、校長先生に注意して先生のブログを削除させた。

安倍総理、馬鹿な野党議員の発言にヤジるよりも、この一宮市教育委員会に見られるように、我が国の津々浦々の行政組織にカビのように蔓延《はびこ》っている「左翼からの抗議」に小心翼々たる風潮に、烈火のごとく怒っていただきたい。

そして、自分の内閣が組織した「戦後七十年有識者懇談会」も、この一宮市教育委員会と同様の、左翼と支那朝鮮からの反応に小心翼々たる小吏《しょうり》の世話を受けるように仕組まれている、ろくでもない「懇談会」であると見切った上で、委員とオフレコで一度だけワインを飲んで飯でも食ってから、ではご苦労さまと解散していただきたい。

その上で、この校長先生のように、戦後七十年に際して、自ら確信するところの所見を率直に述べられよ。

私は、一昨日の日曜日に仁徳天皇御陵に参拝し、「昭和天皇実録」の昭和二十年九月二十七日の記録、即ち、天皇陛下がアメリカ大使館にダグラス・マッカーサーをお訪ねになり、マッカーサーに謁を賜れるときの記述を涙しながら拝読した。

よって、本日、仁徳天皇および昭和天皇とマッカーサーに触れられている一宮の校長先生のブログに関して書かざるを得ない思いになった次第だ。


最後に話題も次元も違うが、与那国の陸自配備賛成の住民投票に関して私の考えと体験を述べておこう。

投票結果に安堵するが、この問題を住民投票にかける感覚に疑問を抱く。

更に、中学生以上の未成年と外国人にも投票権を与えるとは何事か。

いい加減にしろ。

ことは、国家の存亡のかかる国防の問題だぞ。

また、与那国に陸自を駐屯させるならば、同時に、下地空港を空自が自由に利用できるようにしなければ与那国への陸自展開の意義がない。

制空権および制海権なき陸上兵力は、いざとなれば、孤立して飢えるからだ。

これ、我が国の痛切な戦訓ではないか。

次に、左翼紙の影響力が強い沖縄本島と、先島諸島の人々の意識はかなり違う、がらりと違うということを言っておく。

平成九年の春に私は、尖閣諸島渡航準備のため、石垣島や宮古島に度々行った。その時、住民に言われた。

「我々は国境の島に住んでいるんだ。しかし、我が国の日の丸を掲げた自衛艦の姿を見たことがない。日本政府は我々を日本国民とはみなしていないのか」

また、石垣島の民家に招かれたとき、床の間に「君が代」の歌詞が飾られ、「日の丸」が掲げられていた。本土で、このような民家は見たことがなかった。

また、石垣島の新空港建設問題に関し、新しく改良した農地に空港を造成する県の案に反対する農民が、鎖を体に巻きつけて県の調査に反対したことがある。

その時、県知事は、直ちに警察力を動員して鎖を切断して有無を言わせずに座り込む農民を強制排除させた。このことを、本島の「琉球新報」や「沖縄タイムス」などの左翼マスコミも騒がなかった。

しかし、この県知事は沖縄本島では、基地の中のハンカチくらいの地面を所有する、反戦地主が数千人いる基地の使用反対を左翼と共に叫んでいた知事だった。政府が、警察力による基地反対派の強制排除などしようものなら、沖縄の左翼紙と共に、狂ったように反政府を叫ぶ知事だった。

この知事は、沖縄本島では、反戦平和・人権尊重で、先島では楯突く者は断じて容赦しない直ちに強権発動の、どうしようもない知事だった。

この知事、その後、参議院議員になった。

何をしていたのか知らんが、歳費だけはもらって任期を全うしたようだ。

これを税金の無駄使いという。

総理大臣談話の作り方、そして奉天

平成27年3月1日

本日の産経新聞朝刊の一面は、「建国ブログ激励相次ぐ」との見出しで、一宮市教育委員会からの注意によって全文削除された一宮市立中学校校長が書いた、我が国の神話や統治の根底にある「天皇と民の絆」に関するブログ全文を掲載した（二月二十二日付）記事に対する読者からの意見が掲載されている。

一面トップに値する読者の意見紹介である。

何故ならこの一面は、「教育委員会」のみならず、戦後からの脱却を掲げる「安倍内閣」そのものが、「穏便に、波風立てずに」事態を処理するために立て籠もって出ようとしない「戦後体制の空気」を、国民（読者）の意識は既に突き抜けていることを示すものだからである。

時あたかも、安倍内閣は「戦後七十年安倍総理大臣談話」作成に関して各界からの意見を聴取するための、「教育委員会的意見」が大勢を占めるようにつくられた「有識者懇談会」の初会合を開いている。

産経新聞による二月二十二日の校長ブログ全文掲載と、これに対する本日の読者の意見紹介は、「戦後体制的空気」から脱却した「安倍談話」を如何にして作成すべきかを如実に示すものになった。

我が国と国民の意識が、七十年を経ても「戦後体制内にとどまる」のか、それとも「戦後体制から脱却する」のか、

これは世界の大勢と動向に影響を与えることである。

従って本日の産経新聞の朝刊は、一面トップに値する読者の意見を掲載しているのだ。

安倍晋三内閣総理大臣、この一宮市立中学校校長、この教育者が、自分の誠と全一的信念のみによって、子供達の魂に祖国への愛と誇りを伝えようとしたことを見習い、

総理大臣たる安倍晋三の、

祖国への至誠に基づいて、

祖国への愛と誇りをもって、

かつ、それのみに依って、

「安倍内閣総理大臣談話」を作成されたい。

ゆめゆめ、「教育委員会」、いや、「有識者懇談会」というもっともらしいレッテルの「戦後体制的空気」に身を委ねてはならんぞ。

それをすれば、貴兄の肉体と精神は、再びつぶれるぞ。

日本を甘く見るなよ！

村山富市も河野洋平も、既に、廃人。

貴兄は、この廃人のなかに入るな！

さて、三月一日である。奉天のことを述べておく。

百十年前の本日三月一日、大山巌《おおやまいわお》満洲軍総司令官は、二月二十五日からの清河城攻略を経て全日本陸軍に、奉天に立て籠もるロシア軍に対する総攻撃を下命した。

世界陸戦史上、空前の大兵力による奉天大会戦である。

期間　　　明治三十八年（一九〇五年）二月二十五日〜三月十日

参加兵力　日本軍　二十四万九八〇〇名、ロシア軍　三十万九六〇〇名

砲数　　　日本軍　九九〇門、ロシア軍　一二〇〇門

戦線　　　　　奉天を中心に東西一五〇キロ、南北八〇キロ
戦死者　　　　日本軍　一万六五五三名、ロシア軍　八七〇五名
戦傷者・捕虜　日本軍　五万三四七五名・四〇四名
　　　　　　　ロシア軍　五万一三八八名・二万一七九一名

この百十年前の奉天の戦いで我が国が負けていれば、我々は日本人として生まれていない。安倍晋三の談話などあるはずがない。

彼らが、黄塵の満洲の荒野で戦い斃れたから、今の我々がある。そして、斃れた彼ら兵士の魂魄は、我が国に今も留まっている。従って、彼らを辱める談話を発表する者は、廃人となる！

前にも書いたが、昨年暮れの急な寒波のなかの総選挙において、私が何時も心に浮かべ続けてきた情景は、極寒の満洲における日本軍将兵の姿であった。

十一月二十六日は、乃木希典《のぎまれすけ》軍司令官が第三軍に第三次旅順要塞総攻撃を命じた日であった。

十二月五日は、二百三高地陥落の日、

一月一日は、旅順要塞陥落の日。

一月中旬、乃木第三軍は、いよいよ奉天に向かって北上を開始する。

そして、

「奉天の大会戦は、乃木大将が到着して初めて開始されたのである」（従軍記者スタンレー・ウォッシュバン）

「戦争開始の瞬間から、乃木大将の名は、ロシア軍の翼端から翼端まで恐怖の響きを伝えていた。乃木が大山に合体したことだけは全てのロシア兵に分かっていたが、何処に打って出るかを知るものは一人もいなかった。……乃木という人物は悪霊の権化か戦いの魔神のように思われた。……日本軍は巧みに覚えたロシア語の喊声《かんせい》を掲げ『我らは旅順の日本軍ぞ』と叫んで追撃した」（同）

「軍人として軍隊として、この奉天における乃木大将とその部下ほど怖れられたものは絶無であった。」（同）

こうして、奉天占領は、乃木第三軍の左翼からの迂回攻撃によりもたらされた。

三月十日午後五時頃、奥《おく》第二軍第四師団（大阪）第三十七聯隊第二大隊、大西辺門から奉天城に入城し、日章旗を掲げて城内中央に進む。

ここにおいて、大山巌総司令官、奉天大会戦の終結を宣言する。

そして、奉天大会戦における日本軍の死傷者約七万人のうち、一万八千五百人という最大の損害を出したのは乃木第三軍であった。

この奉天戦において、荒野に横たわる約一万六千余の戦死者の状況を、総司令部付、川《かわ》上素一《かみもといち》大尉は次のように報告した。

「このような戦闘は、命令や督戦でできるものではありません。兵士一人一人が、『勝たねば日本は亡びる』とはっきり知っていて、命令されなくとも。自分から死地に赴いています」

また、乃木希典軍司令官は、明治天皇に次の通り報告した。

「しこうして作戦十六ヶ月間、我が将卒の常に勁敵と健闘し、忠勇義烈、死を視ること帰するが如く、弾に斃れ剣に殪るる者、皆、陛下の万歳を歓呼し欣然と瞑目したるは、臣、これを伏奏せざらんと欲するも能はず」

東京大空襲と武士道

平成27年3月6日

昭和二十年三月十日の、アメリカ軍による非武装市民の大量殺傷を目的とした東京大空襲の日が迫っている。

産経新聞は、昨日から「大空襲、戦後七十年」と題する特集を始めている。これから、二日間、机の前に座る時間がないので、今、思い浮かぶことを書き留めておく。

三月十日は、東京の人口密集地帯が大量の焼夷弾で焼き払われ、十万人以上の非戦闘員の人々、つまり主に女性、子供、老人が焼き殺された。

そして、四月十二日、アメリカ大統領F・ルーズベルトが死亡する。

これに対して、鈴木貫太郎《すずきかんたろう》総理大臣は、

「優れた指導者であった大統領の死を悲しむアメリカ国民に対して、心より哀悼の意を表する」

とのメッセージを送った。同時期、ドイツのヒットラーは、死亡したルーズベルトを口汚く罵る声明を発表した。

アメリカに亡命していたドイツ人作家のトーマス・マンは、鈴木総理の哀悼のメッセージに感動し、ヒットラーのメッセージを嫌悪し、「東洋の国に騎士道がある、人間の死に対する深い敬意と品位が確固として存する」と、日本を讃えた。

では、アメリカはどうしていたのか。

大統領の死の翌日も翌々日も、無辜の殺傷を目的として東京爆撃を続けていた。つまりアメリカは、トーマス・マンの嘆いたドイツと同じなのだ。

大西洋を単独飛行で渡ってパリまで飛んだリンドバーグが、ドイツが欧州でユダヤ人にしていることを、アメリカがアジアで日本人にしている、と語ったことは真実であった。

それにしても、おびただしい無辜を殺傷し続けている鬼畜、まことに鬼畜、そのアメリカ軍の最高指揮官の死を悼むメッセージを発表した、慶応三年の江戸時代生まれの宰相鈴木貫太郎の、世界に示した武士道を深くかみしめたい。

先の枢密院議長、先の天皇の侍従長たる海軍大将、内閣総理大臣鈴木貫太郎、惨憺たる東京の焼け野が原において、断固として世界に示す。

日本人は、
如何なる艱難辛苦のなかにあっても、
相手が如何なる非道を行っても、
Ｂ29爆撃機何万機で攻撃してきても、
武士道と品位を失うことはない誇り高い民族である、と。

西村　眞悟
プロフィール

□経　　歴　・昭和23年7月7日　大阪府堺市生まれ　66歳（父、栄一　民社党第2代委員長）
・京都大学法学部卒業
・弁護士
・平成5年衆院選初当選　以後、6期当選
衆議院議員として、13歳の横田めぐみさんが北朝鮮に拉致されていることを予算委員会で取り上げ、そして中国が奪おうとしている尖閣諸島魚釣島に上陸視察して、同諸島が我が国固有の領土であることを示した。

また、防衛政務次官として日本も核武装するかどうか議論すべきであるとの見解を示す。

□過去の役職　・衆議院　海賊行為への対処並びに国際テロリズムの防止及び我が国の協力支援活動等に関する特別委員会委員長
・衆議院災害対策特別委員長、衆議院懲罰委員長、防衛政務次官、法務委理事、安保委理事、内閣委理事、日米ガイドライン特別委理事、弾劾裁判所裁判員、裁判官訴追委員、北朝鮮拉致問題対策委員
・民社党中央執行委員、国際局長　・新進党党首補佐役、党総務
・自由党組織委員長、内閣部会長、代議士会会長、大阪府連会長
・民主党拉致問題対策本部副本部長　・改革クラブ衆議院代表
・たちあがれ日本　大阪府第17選挙区支部長
・「北朝鮮に拉致された日本人を早期に救出するために行動する議員連盟」幹事長
・防衛政務次官

□著　　書　『亡国か再生か』『海洋アジアの日出づる国』『闘いはまだ続いている』『国家の再興』（以上、展転社）、『誰か祖国を思わざる』（クレスト社）、『中国の恫喝に屈しない国』（WAC 出版）、『眞悟の憂國』（高木書房）『誰が国を滅ぼすのか』（徳間書店）『国益会議（共著）』（PHP）

「英霊との対話」としての政治

平成 27 年 4 月 27 日　初版発行

著　　者　　西村眞悟
発 行 人　　蟹江磐彦
発 行 所　　株式会社 青林堂
〒150-0002 東京都渋谷区渋谷3-7-6
電話 03-5468-7769
編集協力　　株式会社 ぷれす
印 刷 所　　美研プリンティング株式会社

ISBN978-4-7926-0519-3 C0030

http://www.garo.co.jp